有限理性出行行为建模分析与应用

魏庆琦 肖 伟 著

科学出版社

北 京

内 容 简 介

随着社会经济的高速发展，城市交通碳减排已经成为国内外大型城市可持续发展的瓶颈。本书将微观个体出行决策、中观交通网络均衡和宏观城市低碳交通体系治理政策研究等三个层面结合起来，综合心理学、行为经济学、交通网络均衡、城市低碳交通规划等多学科理论和技术方法，深入研究城市低碳交通体系治理政策对有限理性个体行为决策的作用机理与效果，分析并设计促进城市低碳交通体系治理的制度和政策，从而为推进我国大型和超大型城市低碳交通体系治理，促进我国城市交通低碳可持续发展建言献策。

本书适合交通运输经济学、城市经济学、交通运输规划与管理、运筹学、系统科学与系统工程等专业领域的高年级本科生、研究生阅读，也可供高校教师以及工程师参考。

图书在版编目（CIP）数据

有限理性出行行为建模分析与应用 / 魏庆琦，肖伟著. —北京：科学出版社，2021.9

ISBN 978-7-03-069672-4

Ⅰ. ①有…　Ⅱ. ①魏…　②肖…　Ⅲ. ①交通运输系统－运输结构－系统建模　Ⅳ. ①U491.2-39

中国版本图书馆 CIP 数据核字（2021）第 177048 号

责任编辑：郝　悦 / 责任校对：宁辉彩
责任印制：张　伟 / 封面设计：无极书装

科学出版社出版
北京东黄城根北街 16 号
邮政编码：100717
http://www.sciencep.com

北京虎彩文化传播有限公司印刷
科学出版社发行　各地新华书店经销

*

2021 年 9 月第　一　版　开本：720 × 1000　1/16
2022 年 3 月第二次印刷　印张：7 1/4
字数：147 000

定价：92.00 元

（如有印装质量问题，我社负责调换）

前　言

近年来，随着我国人口迅速向北京、上海、广州等超大型城市和以省会城市为代表的大型城市聚集，城市交通需求飞速上涨。城市交通体系是城市日常运行和繁荣发展的基础保障，为了满足日益增长的交通需求，大型、超大型城市交通体系的能耗和排放也屡创新高。目前，交通体系碳排放已成为城市碳排放的主要来源之一。令人担忧的是，随着我国城镇化率的进一步提高，未来城市交通体系排放的温室气体还将继续增加。2021 年 3 月 15 日，习近平总书记在主持召开中央财经委员会第九次会议时强调，“把碳达峰碳中和纳入生态文明建设整体布局”①。随着我国政府提出二氧化碳排放力争 2030 年前达到峰值，力争 2060 年前实现碳中和目标，城市交通碳减排的压力也越来越大。可见，碳减排约束已成为我国大型城市和超大型城市交通体系顺畅运行与持续发展的主要挑战之一。城市交通体系低碳治理成功与否不仅关系到未来我国城市交通体系的绿色可持续发展，更关系着我国区域核心城市的社会经济发展和人民日常生活。为了在削减碳排放的同时满足日益增长的城市交通需求，就必须对城市交通体系进行全方位的综合治理。

为了降低城市交通体系的碳排放强度和总量，之前各国主要通过开发新燃料、新汽车、新道路等技术进行碳减排，取得了一定成效。与此同时，也有越来越多的研究者意识到：城市交通碳排放增加的重要原因在于资源与需求的日益不平衡，通过改变交通体系中的个体行为，对交通需求进行引导与治理，能够有效促进城市交通碳减排。本书从微观异质出行个体的行为引导出发，研究如何提升中观区域性低碳交通体系治理政策的有效性，以达到提高交通碳排放资源利用效率、促进城市交通体系低碳可持续发展的宏观目的。在细节上，本书将出行行为决策模型中前沿的累积前景双参考点有限理性（bounded rationality，BR）出行行为模型与随机通行能力退化的交通路网模型相结合，构建出基于有限理性出行个体的城市交通网络均衡模型，并以此为基础对“碳排放收费”和“先进交通信息系统”

① 新华社. 2021. 习近平主持召开中央财经委员会第九次会议. http://www.gov.cn/xinwen/2021-03/15/content_5593154. htm[2021-03-15].

（advanced transportation information system，ATIS）等低碳城市交通体系治理策略进行了仿真、优化与分析。本书从城市交通碳减排的现实问题来综合应用管理学、经济学、公共治理理论、交通网络均衡理论、应用仿真优化和启发式算法等技术对研究问题进行提炼与求解，最后回到现实中去，提出城市低碳交通体系治理的政策建议，能够提高政策建议的有效性和适用性。

本书的主要内容可以分为以下几个方面：首先是在梳理有限理性出行者行为决策的相关研究成果的基础上，识别有限理性出行者行为决策关键影响因素，并检验外生政策对有限理性个体出行者行为决策引导的有效性，以理解个体交通行为决策过程，提炼个体交通行为决策关键影响因素，为个体交通行为建模和仿真提供理论依据；其次，构建基于累积前景理论（cumulative prospect theory，CPT）的双参考点有限理性出行者择路模型和随机通行能力退化交通网络的有限理性用户均衡模型，以及城市交通系统效率分析模型等主要研究模型，用于模拟城市局部路网，仿真政策效果，为交通引导政策效果分析提供基础模型、算法和环境；最后，进行城市交通治理政策仿真、优化和分析，本部分研究主要基于之前构建的交通体系环境、模型和算法，开展交通治理政策仿真优化研究。

本书的撰写是在重庆交通大学经济与管理学院物流管理国家一流专业和管理科学与工程重庆市重点学科的支持下完成的，得到了国家社会科学基金青年项目“基于有限理性出行行为引导下的城市低碳交通体系治理研究”（13CGL151）、教育部人文社科基金青年项目“基于可交易电子停车票的‘共享停车’管理机制研究”（20YJC630156）、重庆市教育委员会人文社科基金规划项目“重庆市共享停车泊位供给提升路径与对策研究”（20SKGH080）、重庆市自然科学基金面上项目“泊位总量约束下的共享停车超时行为预测及泊位占用冲突控制研究”（cstc2021jcyj-msxm0712），以及“智能物流网络优化”重庆市研究生导师团队建设项目资助。在成书的过程中，得到了重庆交通大学物流管理专业和“复杂物流系统”科研创新团队各位同仁的帮助与大力支持，团队指导的研究生陈佳列、樊春霞、肖国梅和蔡明芬参与了资料收集、数据分析和书稿校对等工作，在此一并表示感谢。

由于作者水平有限，书中难免存在不足之处，敬请广大读者批评指正。

魏庆琦　肖　伟

2021 年 5 月

目　录

第一章　城市出行行为决策研究的时代背景

第一节　随机路网环境下有限理性出行行为研究的重要性

一、城市交通问题的严峻性与主要对策

近年来，我国工业正在经历新时期的结构调整和深入发展。在中共中央总体规划的指导下，各级政府积极响应，我国工业建设取得了令人瞩目的成就。工业结构调整便随着产业聚集，基本形成了以环渤海经济圈、长三角经济圈和粤港澳大湾区经济圈等为代表的八大经济圈。各经济圈以 1～2 个核心城市为首，呈现出多层次的辐射结构和城市集群。北京、上海和广州等核心城市作为其所在经济圈建设发展的驱动引擎，不仅肩负着拉动区域经济发展的重要责任，也成为经济圈之间相互连接的重要枢纽。在此背景下，由于经济活动频繁、就业岗位丰富，大量第二产业和第三产业的从业者由中小城市向经济圈核心城市转移，不仅造就了一批地理范围广、人口规模大的大型城市和超大型城市，还促进了一批新兴的区域核心城市向大型和超大型城市发展。分别以北京市和重庆市为例，1996～2016 年，虽然北京市和重庆市常住人口密度均出现了显著的增长，但其形成原因和未来变化的趋势并不相同。如图 1-1 所示，2011 年是北京市人口结构变化的拐点，2011 年之前，北京市常住人口密度和城镇化率均逐年上升，而 2011 年之后，两个指标均趋于稳定。与其不同的是，20 年间，重庆市常住人口密度并未出现显著变化，但其城镇化率却逐年稳定上升。2016 年，重庆市的城镇化率达到 62.60%，是 1996 年的 2.12 倍；而北京市 1996 年城镇化率为 76.06%，2011 年达到 86.23%，之后趋于稳定，2016 年为 86.50%。根据以上数据可知，未来我国核心城市的常住人口密度可能进一步增加，其中以北京市为代表的超大型城市虽然城镇化率增速放缓，但其常住人口密度可能继续上升，而以重庆市为代表的大型城市城镇化率将继续增加，常住人口密度也将继续显著上升。

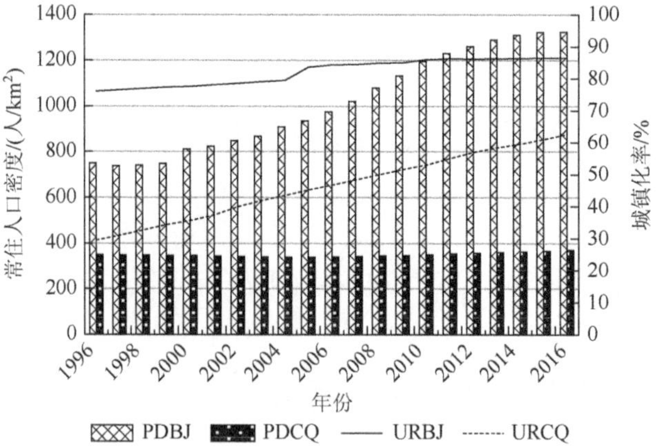

图 1-1　北京市和重庆市常住人口变化率

PDBJ 为北京市常住人口密度，PDCQ 为重庆市常住人口密度，URBJ 为北京市城镇化率，URCQ 为重庆市城镇化率。数据来自 2017 年《北京统计年鉴》和《重庆统计年鉴》

城市常住人口密度和城镇化率的上升不仅是我国经济社会建设与发展的重要成果，也是人民群众生活水平提高的显著标志。不过，随着我国城市化进程的进一步深入，城市交通体系迅速发展并逐渐感受到沉重的资源环境压力。以北京市和重庆市民用机动车保有量（图 1-2）为例：自 2004 年以来，北京市和重庆市民用机动车保有量均呈显著上升趋势。虽然 2010 年 12 月 23 日，北京市人民政府首次公布了《北京市小客车数量调控暂行规定》，此后北京市民用机动车数量的增长得到了有效遏制，但仍明显上升。而重庆市，由于当地政府暂未出台民用机动车数量调控政策，该市机动车增速在 2010 年之后超过了北京市，民用机动车保有总量也逐渐趋近北京市总量。

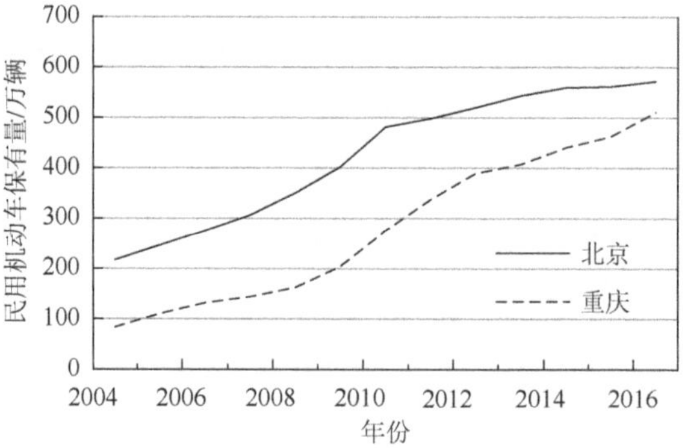

图 1-2　北京市和重庆市民用机动车保有量

数据来自 2005～2017 年《北京统计年鉴》和《重庆统计年鉴》

城市土地面积有限，大量人口涌入核心城市带来的城镇化率上升、城市常住人口密度增加以及民用机动车保有量增加使得大型城市和超大型城市日益拥挤，城市交通体系日常运行中广泛存在的高污染、低效率等问题也愈发严重。由城市交通导致的空气污染、道路拥堵和车辆噪声等一系列外部性问题已成为学界、政府和普通群众关注的热点。其中城市交通碳减排问题独具特殊性：与拥堵和噪声等外部性问题不同，温室气体排放带来的气候变化问题不仅损害了当地居民的利益，更成为国际社会广泛重视的问题。由于碳排放带来的气候变化问题影响范围遍布全球，国际社会对我国施加了越来越重的碳减排压力。自 1997 年 12 月联合国气候变化框架公约（United Nations Framework Convention on Climate Change，UNFCCC）缔约方通过《京都议定书》以来，以欧洲和美国为首的发达国家和地区就不断对我国施加压力，要求我国削减碳排放。作为一个负责任的大国，我国连续发布自愿减排计划。我国提出，到 2020 年我国单位 GDP 二氧化碳排放比 2005 年下降 40%～45%。2015 年 6 月，我国政府进一步宣布，到 2030 年，CO_2 排放总量达到峰值，排放强度相对 2005 年水平下降 60%～65%的目标。为了圆满完成迫在眉睫的碳减排任务，从中央到各地政府和管理机构纷纷出台碳减排计划及政策。2010 年 7 月 19 日，国家发展和改革委员会发布了《国家发展改革委关于开展低碳省区和低碳城市试点工作的通知》，广东、辽宁、湖北、陕西、云南五省和天津、重庆、深圳、厦门、杭州、南昌、贵阳、保定八市首批入选“低碳城市试点”，2012 年 11 月 26 日，国家发展和改革委员会进一步下发了《国家发展改革委关于开展第二批低碳省区和低碳城市试点工作的通知》，决定在第一批试点的基础上，进一步增加北京市、上海市、海南省和石家庄市、秦皇岛市、晋城市等 29 个省市为低碳省市试点。至此，我国已确定了 6 个省区低碳试点，36 个低碳试点城市，低碳省市试点建设工作已在全国范围内广泛开展。此外，2011 年 2 月交通运输部决定在天津、重庆、深圳、厦门、杭州、南昌、贵阳、保定、无锡、武汉 10 个城市开展低碳交通运输体系建设首批试点工作，2012 年 2 月，“低碳交通运输体系建设第二批城市试点”进一步展开，北京、云南、陕西、浙江、广东、辽宁、黑龙江、江苏、山东、海南、四川、湖南、安徽、湖北、河南等 15 个省市入选第二批“低碳交通体系建设试点”。2018 年 7 月 3 日，国务院印发了《打赢蓝天保卫战三年行动计划》，进一步细化了我国低碳交通体系建设的总体要求和详细目标。

在低碳城市建设中，交通运输体系的节能减排是一个重要的环节。Fan 和 Lei（2016）根据联合国统计数据测算出全球 75%以上的温室气体来源于城市，其中城市交通运输体系排放的温室气体占到了总量的 17.5%（李健和刘鸿远，2014）。而超大型城市的交通运输体系碳排放份额更大，Fan 和 Lei（2016）的研究表明，北京市交通运输体系的碳排放已经占到全市总排放量的 22.28%。因此，交通运输体系碳减排已经成为我国大型城市和超大型城市未来可持续发展的重要内容。交通系统是城市日常运行和社会经济繁荣发展的基础保障，是城市运行和建设的重中之重。但是日益严峻的碳减排压力已经向我国大型城市和超大型城市的管理者提出了挑战：一方面，为了支撑城市化建设的顺利进行，城市交通运输体系必须相应地增加供给，以满足日益增长的城市交通运输需求，但在目前的运行和管理模式下，交通量的增加极有可能导致碳排放总量和碳排放强度同时上升；另一方面，为了达到中央和各级地方政府制定的碳减排目标，城市交通运输系统碳排放不仅需要降强度，未来还必须面对总量减排的更大压力。对于我国城市交通运输体系而言，低碳可持续发展不仅是其长期治理目标，也是其未来发展的必然方向。

然而，城市交通运输体系的低碳发展却并非易事。与能源和制造业相比，各国交通运输体系的碳排放不仅屡创新高，而且减排困难（IEA，2017）。实证研究也发现，我国城市交通管理中已出现政府失灵（government failure）和市场失灵（market failure）现象（王迪晨，2012），管理者无法有效促进城市交通碳减排。之前低碳交通相关研究致力于通过开发新燃料、新汽车、新道路等自然科学技术进行碳减排，取得了一定成效。现在，越来越多的研究者意识到：城市交通碳排放增加的重要原因在于资源与需求的日益不平衡，通过改变交通体系中的个体行为，对交通需求进行引导与治理，能够有效促进城市交通碳减排（Salehi et al.，2017；Zhou et al.，2018；Bektaş 和 Laporte，2011；Bynum et al.，2018；Tiwari et al.，2011），这正是社会科学研究的问题。然而，现有的城市交通管理研究还不完善，表现在：①传统的低碳交通行为研究假设具有局限性，通常假设出行者“绝对理性”，与现实不符，据此提出的对策对现实指导有限（田丽君等，2016a）；②现有城市低碳交通体系建设相关研究常由政府管理的宏观视角切入，没有考虑普通出行者对政策的接受程度，导致提出的相关政策建议空泛而有效性较低（陈泽，2012)；③相关政策的提出往往取自国外经验，缺乏针对我国出行者行为的实地调研，导致政策失效甚至起到反作用（如征收燃油税未能有效降低城市私家车出行比例、单双车牌号限行反而导致部分家庭购买两辆汽车等)。因此，在假设出行者“有限理性”的基础上，从微观“行为决策”理论切入对我国大中城市低碳交通体系治理进行研究，能够提高政策建议的有效性和适用性。

虽然，通过出行行为引导和需求管理进行城市低碳交通体系治理已获得了诸多研究者的肯定，且以此为基础的相关政策设计已在欧美等地取得成效，但实证研究表明，部分政策移植到我国背景下却失效甚至起到反作用，原因在于城市交通体系的碳排放决策主体是数以百万计的普通居民，其行为决策受性格特征、人文地理、基础设施和社会经济环境的显著影响。为了提高城市低碳交通体系治理政策的有效性，有必要在有限理性假设下研究我国城市出行者的出行决策。这是因为：①传统低碳交通模型中的“绝对理性”假设与实验和调查数据冲突，缺少基于“有限理性”假设的低碳交通模型，难以为城市低碳交通体系治理提供有效信息；②从微观视角切入解决宏观问题，基于出行行为引导的政策设计充分考虑城市交通行为系统中的个体行为特性，与公共治理理念相契合，有利于解决城市低碳交通体系治理中可能出现的“政府失灵”和“市场失灵”问题。

综上所述，本书立足于城市低碳交通体系治理问题，分析与验证城市交通出行行为引导的碳减排可行性，通过深入探析微观异质出行行为个体的决策模式，在逻辑模型构建、关键参数分析的基础上，完成实地问卷调查，设计基于双参考点累积前景有限理性城市交通出行用户的路径选择模型，构建基于有限理性用户的城市交通网络均衡模型，并利用以上模型对城市交通引导政策的性能与效果进行评估，提炼出促进城市低碳交通体系治理的相关政策建议，以期为政府制定城市低碳交通体系治理政策提供有益参考，从而有效促进城市交通运输体系低碳可持续发展。

二、随机路网环境下有限理性出行行为与低碳交通建设

本书基于微观不确定的异质出行个体和随机退化路网环境，研究城市低碳交

通体系治理政策的有效性，并据此探讨我国城市低碳交通体系治理相关问题和策略。研究结合双参考点累积前景用户行为决策模型，以及随机通行能力退化交通网络模型对不确定环境下的城市交通网络均衡状态进行建模、仿真和优化。在此基础上，对常见的城市可变车道、动态交通碳排放收费和 ATIS 信息引导等策略的效果进行分析与讨论。研究选取了案例城市，综合采用计量经济学方法、因子分析和结构方程模型等技术对案例城市交通碳排放状况进行刻画与分析，并对案例城市交通出行碳排放收费进行讨论。本书按照“微观个体行为决策建模—中观城市交通网络均衡分析—宏观城市低碳交通体系治理策略设计”的渐进思路，深入探究不确定环境下的城市交通网络和出行个体行为决策过程中“人-车-路”之间的相互影响与政策引导效果，不仅有助于整合不确定环境下基于有限理性出行行为引导的城市低碳交通体系治理的相关理论，而且有利于丰富和发展有限理性用户网络均衡与政策引导的理论体系，为我国各级政府和管理者制定有效的低碳城市交通治理政策提供理论基础及方法借鉴。

伴随着经济社会的不断发展，交通碳减排已成为我国大型城市和超大型城市治理工作中的重要任务，走低碳可持续发展之路是我国城市交通体系未来发展的必然选择。在城市建设和发展过程中，一方面，交通体系的健康顺畅是城市正常运行和繁荣发展的基础保障，大型城市和超大型城市不仅是区域经济的领头羊与驱动引擎，它们之间形成的经济干线网络更是我国社会经济健康发展、国家繁荣富强的重要支柱。为了保障大型城市和超大型城市的正常运行与持续发展，城市交通体系必须在满足目前需求的基础上提供更多的交通供给，这就意味着，如果不进行有效的低碳交通治理，我国城市交通体系未来将消耗更多能源、排放更多废气，在城市核心区域道路面积扩张受限的背景下，未来的城市交通体系将面临拥堵、低效的严峻问题，城市化建设、城市经济发展和人民日常生活将受到极大限制。另一方面，随着习近平在气候变化巴黎大会上提出“将于 2030 年左右使二氧化碳排放达到峰值并争取尽早实现，2030 年单位国内生产总值二氧化碳排放比 2005 年下降 60%—65%”[①]的约束性目标期限日益临近，作为温室气体排放大户的城市交通运输体系必须降低碳排放，以保障我国碳减排约束目标的顺利完成。不难看出，城市交通

① 新华社. 2015. 习近平在气候变化巴黎大会开幕式上的讲话（全文）. http://www.gov.cn/xinwen/2015-12/01/content_5018478.htm[2015-12-01].

体系治理面临着双重压力：一边是城市化发展带来的交通需求上升，另一边是总量碳减排目标约束下的碳排放量下降。如何在保障发展的前提下控制城市交通碳排放总量，已成为各级政府亟待解决的重要问题。与之前低碳交通治理相关研究主要基于实证计量分析和定性研究不同，本书结合微观个体、中观交通网络和宏观交通治理策略，综合采用社会网络分析、计量经济、行为决策、交通网络均衡和案例研究等方面的技术，从现实中发现问题、将问题提炼为数学模型、设计启发式算法进行优化和仿真，并在建模优化仿真的基础上对政策效果进行分析。本书从现实中来，经过本领域前沿的技术建模优化与仿真分析，又回到现实中去。本书能够为我国大型城市和超大型城市的低碳交通体系治理寻求一条可行的路径。

第二节　国内外关于有限理性出行行为和低碳交通建设的研究

一、基于有限理性的出行行为研究

1. 有限理性及前景理论

有限理性是基于人的生理、心理能力而提出的一种符合“真实人”的假设，而不是为了研究而完全脱离“真实人”的实际情况。“有限理性”是指人面临复杂不确定的环境时，由于认知能力、感知能力、心理因素、思维能力、风险态度、逻辑推理和计算能力以及信息获取处理能力等有限（Simon，1955），不能完全感知所有备选方案，而在能够感知与判断的范围中选择最优（赵勇等，2010），即决策时选择的可能不是最佳方案而是满意方案，“有限理性”是一种介于完全理性和非理性之间的状态（徐红利，2013）。

Simon 于 1947 年首次提出了有限理性理论，并对人们的决策行为做了实证研究后得出经济学范畴中完全理性的“经济人”假设过于理想化的结论，他认为人介于完全理性与非理性之间的“有限理性”状态。行为决策中应当考虑人的心理和生理的影响。Simon（1947）认为有限理性的原因如下：首先，人的认知、判断、记忆等能力由于受到生理和心理的限制，均为有限的。其次，周围所处环境复杂多变，充满不确定性和风险，因此，做出决策时的环境往往无法准确预知所选择的方案发生的概率，有时甚至无法知道所做决策为哪种决策。

Simon 通过对理性进行归类来说明人的理性是“有限理性”，将人类的理性行为归为六大类：客观理性、主观理性、自觉理性、有意理性、组织理性、个人理性。经济学领域中“经济人”完全理性的假设，只表现了客观理性、自觉理性以及个人理性，而且只是为了满足理论分析的需要对经济活动的参与主体进行抽象和假设出来的，但事实上，因为存在主观理性、有意理性以及组织理性，完全理性无法在实际中实现，因此，Simon 提出，人的理性仅可以为“有限理性”。

在行为科学上，Simon 较早地提出了“有限理性”概念，对于有限理性的研究主要在理论研究和实证研究方面，理论研究主要是前景理论（prospect theory，PT）及累积前景理论等，在实证研究方面主要用于股票和证券等投资行为、在不确定和复杂等决策环境下的决策行为、消费者的消费决策行为等。

有限理性下的决策有如下的决策特征（Simon，1978）。

首先，存在难以避免的预知偏差。因为决策者感知能力、接收和处理信息的能力有限，所以在复杂多变的决策环境中，决策者会因个人经历和能力属性的差异而产生不一样的判断。

其次，存在动态的选择偏好。决策者没有形成一成不变、特定、唯一的选择偏好，实际上，由于面临选择的情况复杂多变，无法准确描述价值偏好的情形也在所难免，跟决策偏好传递性存在一定的差距，虽然选择偏好可以决定决策行为的选择方向，但是它并非均为先验的，其自身的变化与精准水平影响着行为的最终结果。

最后，符合满意决策准则。决策者面临复杂多变的决策情形，由于时间有限，数理推理能力有限，往往做不到最终选择绝对最优的结果，而是综合考虑实际条件和情形后，按一定的决策标准，在自己可接受的范围内选择最满意的方案。

有限理性与满意决策准则从更接近实际的角度提出，更正了传统完全理性选择理论的偏颇，缩小了有限理性选择假设跟现实生活的距离。

在 1979 年，Kahneman 和 Tversky 对 Simon 的有限理性进行了领域结合和改进，结合经济学和心理学理论建立了前景理论，用于刻画不确定条件下出行者的出行决策行为。前景理论认为，人类由于受自身局限性的影响，在存在风险以及不确定性时所做的决策往往是有限理性的。1992 年，Kahneman 和 Tversky 提出了累积前景理论，给了前景理论新的活力，能够解决决策权重可以累积的问题，使其能够应用于更广泛的领域。

累积前景理论既考虑了不确定因素，也考虑了风险，分别从损失和获得两个方面清晰地阐释了人们在选择决策实验中表现出来的结构效应、偏好的非线性、资源依赖、追求风险与规避损失等现象。

简而言之，累积前景理论更多地体现了人在决策实验中表现出来的几个特征。

首先，人们往往提前按照预定的参考点预测最终决策结果会获得收益还是遭受损失。

其次，对于处于一个水平的损失和收益，人们对所遭受的损失更加敏感，在获得收益时体现出风险规避，在遭受损失时体现出风险追求。

最后，人们更看重概率小的事件，而忽视大概率事件的发生。

累积前景理论中的价值函数关注的是价值的变化量，而非绝对取值，决策权重函数与决策者的感知概率有关，考虑人的有限理性，采用累积权重，更加符合实际，而非某个概率值。决策环境存在不确定性时，决策者通过价值函数和决策权重函数进行决策。

1）价值函数

价值函数的特征如下。

（1）参考点为价值函数的一个显要特征，决策者通常并不在意最后的效用水平情况，注重的是相对于特定参照点所产生的效用变化水平。参考点变化时，价值函数也相应变化。如果没有收益或损失，价值函数就是 0。因此，价值函数的变量是获得收益或遭受损失的相对量，参考点设定为固定的某个值或者能体现决策者价值判断标准的值。

（2）价值函数的曲线大致为 S 形。处于“收益”段的时候为凹函数，说明决策者此时为风险规避；处于“损失”段的时候为凸函数，说明决策者此时为风险追求。

（3）在价值函数中，“损失”曲线的斜率大于“收益”曲线的斜率，图像在“损失”段的变化相对越剧烈，说明面临“损失”时，决策者更加敏感，更加在意。

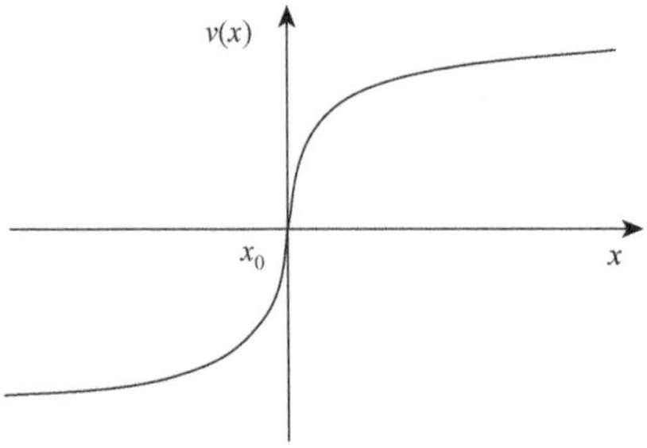

图 1-3　决策者价值函数

价值函数 $v(x)$的表达式见式（1-1），决策者价值函数图如图 1-3 所示。

$$v(x)=\begin{cases}(x-x_0)^{\alpha}, & x\geqslant x_0\\ -\lambda(x_0-x)^{\beta}, & x<x_0\end{cases} \tag{1-1}$$

式中，x_0为参考点；α 为决策者在获得“收益”时的风险规避程度参数，$0<\alpha<1$；β 为决策者在面临“损失”时的风险追求程度参数，$0<\beta<1$；λ 为损失规避程度，$\lambda\geqslant 1$。

2）决策权重函数

决策权重（即决策者的主观心理概率）是决策者的一种主观判断，是决策者依据自身情形和决策环境对方案结果的感知概率，它并非概率，因此不能用概率论的相关理论进行计算，而是通过函数来计算。

决策权重函数 $\omega(p)$的三个性质如下。

（1）$\omega(p)$随着 p 的增大而增大，呈非线性变化，原点处值为 0，在 p 为 1 处值为 1，并且 0、1 两点为不连续点。

（2）概率较小时，权重相对较大，曲线上 $\omega(p)>p$；概率较大时，权重较小，曲线上 $\omega(p)<p$。

（3）当 p 的取值范围为 0～1 时，满足：$\omega(p)+\omega(1-p)<1$。

决策权重函数表达式见式（1-2），决策权重函数如图 1-4 所示。

$$\omega(p)=\exp[-(-\ln p)^{\gamma}] \tag{1-2}$$

式中，γ 为感知概率系数，$0<\gamma<1$。

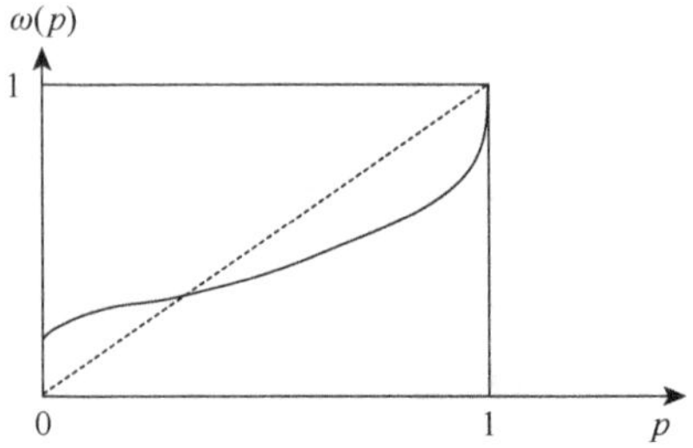

图 1-4　决策权重函数

Tversky 和 Kahneman（1992）在前景理论的基础上累积前景理论，不仅表现了在收益时风险厌恶，在损失时风险追求，而且将离散的决策权重变为累积的权重。Yogo 等（2008）分析了股票中的损失风险厌恶行为，并通过大规模的实证分析得出与实验结果一致的结果。Arkes 等（2006）根据前景理论，通过问卷调查的方式分析股票价格变动对股民产生的效用变化。Dhami 和 Al-Nowaihi（2006）采用累积前景理论解释逃税行为，并分析逃税率和惩罚率的关系。张杨（2006）分析了在不确定环境下的决策行为，得出了决策者具有参考点依赖和损失规避两个特征。Bamberg 等（2003）认为在以前累积前景理论模型的参考点都是外部确定的，其参考点由出行者自己内部的决策偏好决定。

张尧和樊治平（2013）基于累积前景理论解决多指标的风险决策问题，通过不同决策者提供的参考指标，构建了价值矩阵和权重矩阵，从而得出各方案的综合前景值。李欢等（2016）提出了在风险型群决策的环境下，可以通过双参照点及其侧重系数得到各方案的加权前景值进行决策。袁乐平和王安琪（2015）在有限理性假设下，分析了认知偏差的主观因素对知识型员工流动决策的影响，其认知偏差表现在锚定效应、羊群行为、组织承诺、重视小概率事件和过度自信等五个方面。李广海（2007）分析了投资决策中的有限理性行为所具有的行为偏差，并通过行为偏差的变量修正理性选择模型，通过主观的定性和客观的理性指标使其更接近实际情况，最后通过模糊评价进行决策。

蒋晶晶（2013）在信息不完全的条件下，以深圳市碳排放交易机制设计为背景，基于有限理性的重复博弈理论，进行了针对制造业的碳配额机制和实验设计。许振宇和沈慧迪（2014）分析了消费者在网络购物方面的有限理性，主要包含商品信息不完全、质量不稳定、物流服务不同步等三个方面的有限理性程度。范晓屏等（2016）通过实验分析了网络购物的有限理性，在实验的购物环境中包含信息、决策工具和商品推荐等，得出了不同信息条件下的不同决策，决策工具对决策质量的影响，通过商品推荐能简化消费者的信息收集和处理过程。黄宗盛等（2016）从零售商的角度分析了消费者的有限理性消费行为，主要分析了不同质量的零售商在消费者退款方面的决策，得出了低质量的零售商做出退款保证比高质量的零售商有利，但是在产品质量方面有利于高质量的零售商的结论。

2. 基于有限理性的出行行为

出行者是交通出行的主体，其选择决策决定了城市交通流的形态，出行方式选择决定了交通系统中不同交通模式的结构状态，出行时间和路径选择决定了在一定时间段、不同路段上的交通流量的分布（韩印和袁鹏程，2008）。在有限理性出行者的出行行为方面，国内外学者都有一定的研究成果，Daganzo（1977）最早将有限理性引入对出行行为的研究，并提出了随机用户均衡的基本概念。Katsikopoulos 等（2000）利用累积前景理论对出行者的路径选择行为进行了叙述型偏好实验调查。Avineri 和 Prashker（2005）分析和比较了利用累积前景理论与期望效用理论在出行者的路径选择中的区别。Mahmassani 和 Chang（1987）基于有限理性分析了在单一路径上的出行者对出发时刻的选择行为，建立了基于有限理性的用户均衡模型并证明了解的存在性及稳定性。Lou 等（2010a）研究了出行者有限理性下的路径选择行为，建立了基于路径和路段流量形式的模型，得出了在最好和最坏情况下的流量分布。Szeto 和 Lo（2006）研究得出了在出行者是完全理性的条件下，动态交通分配将达不到均衡的结论，并分析了有限理性的出行者对出发时刻和出行路径的选择行为，得到基于容忍度的动态交通分配最优模型。

Ben-Elia 和 Shiftan（2010）在可控实验的基础上基于学习建立了实时信息下的路径选择模型，为制定合理的出行引导政策提供了参考。de Moraes Ramos 等（2013）探讨了在设定参考点时考虑不均衡性，得出了将不均衡性考虑在内的参照点条件下的出行者路径选择模型更符合实际情况的结论。Katsikopoulos 等（2000）通过实验发现，出行者在路径选择过程中，将备选路径的出行时间的平均值与参照点做比较，高于参考点表现为风险喜好，低于参考点表现为风险规避。

二、城市交通网络均衡研究

1. 异质化城市交通网络配流

关于多模式交通网络配流在国内外已有一些相关研究，四兵锋等（2010）研究了出行者在多模式交通网络中考虑了各交通方式的路段流量之间的相互干扰的情况，并提出了城市多模式交通网络平衡配流的变分不等式（variational inequality，VI）模型。陈坚等（2012）考虑了公交车和小汽车两种交通方式，建立了多方式城市交通网络弹性需求随机用户平衡分配模型，在模型中同时分析出行方式与路径选择，反映出行者在实际多方式、多路径网络中的选择行为。Miandoabchi 和 Farahani（2011）解决了私家车和公交车双模式下交通网络的双目标网络设计问题，他们期望达到最大化消费者剩余和最大化公交车分担的交通需求这两个目标。Basso 等（2011）在只有一条路线的简单交通网络中，采用效用最优化原理选择出不同的出行方式，在此基础上分析拥挤收费、公交优惠和公交专用车道等政策措施，缓解交通拥堵。

熊伟和严新平（2009）考虑根据不同车辆的发动机排放来构建交通分配模型，并采用基于路径的非集计的单纯分解算法求解。熊丽音等（2008）引入虚拟网络的思想对多模式交通网络进行建模。吴信才等（2008）提出了拓扑生成算法来解决复合交通网络模型。张锐等（2014）考虑了多方式交通网络结构特性，分析多方式条件下出行方式与出行路径选择，得到出行者在出行过程中，总是选择时间少、费用低、左转次数少的方案。韩凌辉（2014）研究在有出行信息诱导的条件下，公交车和小汽车两种出行方式之间的相互影响与稳定性，也考虑了停车换乘的影响，结果表明停车换乘对多模式交通系统没有影响。

要甲等（2011）在轨道和道路交通所组成的多模式城市交通网络中，基于出行时间预算构建多模式不同出行者交通分配均衡模型，研究结果表明，由于对交通需求水平的提高或路网降级的影响，出行者倾向轨道交通，对稳定性要求较高的出行者选择轨道交通的比例更高。史建等（2009）基于广义费用建立了关于收费型公路运营模式的交通分配模型，得到不同汽车在特定网络上的交通流量分配、路段拥堵率以及通行费（toll charge，TC）。韩印和袁鹏程（2008）分析混合交通网络流量随机分配与平衡问题，构建了考虑先进信息引导的随机效用最大化多模式择路模型，并设计了基于相机平均法的混合算法对模型配流。该研究检验了信息引导系统市场占有率对网络均衡结果的影响。

出行者出行决策往往会依赖于以往的出行经历，逐日动态配流模型能根据出行者的出行学习经验机制和出行决策行为来分析交通网络流量分布、从非均衡状态到均衡状态的动态演化过程，以及分析交通网络在某一时刻的状态。Guo 和 Liu（2011）根据出行者有限理性的路径选择行为，建立了基于有限理性的 day-to-day 动力学模型，模拟了交通网络的不可逆演化现象。Wu 等（2013）分析了城市地铁网络中出行者有限理性的路径选择行为，建立了基于有限理性的 day-to-day 动力学演化模型。刘诗序等（2012）模拟出行者的逐日路径选择过程，构建了出行者对行程时间理解的更新模型，以及基于行程时间理解的择路模型。并基于以上模型，分别探究了出行者个人理解能力和外在信息引导对路网均衡结果的影响。

陈玲娟等（2016）根据出行时间预算分析出行者在逐日出行中的出发时刻和

路径选择行为，其出行时间预算依据准点到达概率最大以及之前的流量分配结果进行修正。张凡（2015）考虑了交通网络流逐日动态演化过程中，出行者选择的滞后性特征，设计了考虑择路“滞后性”的投影逐日动态分配模型与算法，并分析论证了用户“滞后性”选择行为对动态交通网络流演化的影响。郭仁拥和黄海军（2008）提出了关于 ATIS 环境下的交通配流动态演化模型。万春华（2015）在逐日动态交通网络模型中考虑弹性需求和路段相互干扰的交通网络特征，以及延误忍受度和费用预测偏差等方面与出行者选择行为的关系。

2. 拥挤道路收费

城市拥挤道路收费是指在考虑出行者路径选择行为的基础上，在交通拥挤时段对部分区域道路使用者收取一定的费用，达到缓解交通拥挤的目的。拥挤道路收费本质上是一种交通需求管理的经济手段，目的是利用价格机制来限制城市道路高峰期的车流密度，控制交通出行需求，调整出行路径，调节交通量的时空分布，减少繁忙时段和繁忙路段道路的交通负荷，提高道路设施的通行速度，满足道路使用者对时间和经济效率的要求。通过拥挤道路收费还可以有效促进交通方式向高容量的公交系统转移，抑制小汽车交通量的增加。

钟绍鹏和邓卫（2010）的研究结果表明：拥挤道路收费不仅仅和路段运行时间与流量有关，而且与运行时间的可靠度有关，这将使传统的通过拥挤道路收费来缓解交通拥挤的效果降低。朱广芹等（2009）从博弈的角度对拥挤道路收费进行研究，根据拥挤程度计算出交通需求量与拥挤道路收费率的对应关系。刘炳全和黄崇超（2014）研究了在轨道交通与公路交通的双模式网络中，双模式 C-logit 随机用户均衡与拥挤道路收费问题。汪景和张小宁（2015）在终点处停车受限的情况下，根据公交车与小汽车出行费用的均衡条件，计算出达到交通网络最优水平的停车拥挤附加费。

三、交通运输碳减排研究

温室气体排放引起的全球气候日益变暖的问题，已成为世界各个国家高度重视的问题，减少温室气体排放，主要是减少 CO_2 排放，也已成为国际研究机构普遍认同的解决此问题的最优途径。从 20 世纪 90 年代开始，我国成为能源消费的第二大国，每年的温室气体排放量在发展中国家甚至在全世界中的比例一直处于居高不下的状态。为实现经济可持续发展，我国已经把控制碳排放纳入总体规划中，调整经济结构，转变经济发展方式，促进低碳经济又快又好的发展。

交通运输业是支撑经济社会发展的重要基础产业，同时也是我国第二大能源消耗行业，仅次于制造业，因此也是实现低碳经济的重点领域。研究也表明，我国已经成为交通运输需求快速增长的国家，交通运输温室气体排放量占全社会温室气体排放量的 1/3。由此看来，交通运输业确实存在有效减排的强大基数，在全社会日益严峻的资源需求背景下，其面临环境保护约束的任务，本书从交通碳排放的核算、影响因素、减排途径相关理论出发，了解城市交通 CO_2 排放现状，探索城市道路交通节能减排的途径，为构建合理的交通体系框架提供理论参考。

随着城市交通导致环境污染的情况加剧，越来越多的国外学者对城市交通的高碳排放问题有所研究。关于城市低碳交通的实现主要可以分为技术性减碳（如推广新能源汽车等）、制度性减碳（如更加完善的市场进出机制）、结构性减碳（如转变居民交通出行方式）三种方法。通常来说这几种政策措施应该同时进行，但相对于前两种改善措施，通过转变居民交通出行方式来减少交通碳排放显然是更直观有效的手段（李振宇等，2011）。大力发展以轨道交通为主线的城市公共交通系统，引导低碳出行是国外城市进行低碳交通治理时的首先考虑举措（贾培培，2012）。Phdungsilp（2010）分析了从私人交通到公共交通系统的转变过程，提出公共交通系统可以减少交通能源消耗和交通碳排放量。Mtru（2007）针对伦敦的低碳交通管理政策进行了系统、完整的介绍，在文章中提到了智能的交通系统、合理的土地空间利用、低碳能源的开发以及不同交通出行方式对于城市低碳交通体系治理的影响等。Bongardt（2010）提出在交通运输行业中碳排放量持续上升的情况下，国家或城市大力发展公共交通系统才是实现低碳城市交通治理的根本措施和方法，从而可以实现城市经济的低碳发展和客运交通运输业的减排目标（张陶新，2012）。

在国外学者的研究基础上，国内学者在低碳交通发展方面也已经取得了一定的学术成果。张陶新（2012）通过研究认为，交通行业的能源强度和我国的城镇化发展速度是影响城市交通碳排放的主要因素，城市居民经济水平的不断提高对城市交通碳排放有着极大的促进作用，但是随着时间的推移则会起到抑制作用。张清等（2012）通过研究现有城市空间结构的发展变化、道路交通的供需政策和客运交通碳排放量的关系，提出现有城市空间结构的发展趋势对于居民交通出行碳排放量的控制起抑制作用。刘文宇（2010）在对实现北京交通低碳化发展的研究中提出，不断建设公共交通事业，全力发展以轨道交通为骨干的公共交通系统是实现低碳交通、城市减排的必然趋势。苏涛永等（2011）通过细致区分城市交通中客运和货运周转量的不同及不同客运交通方式的运转现状等因素，指出货运周转量、城市客运对城市交通碳排放的控制具有负向的抑制作用，全力发展公共交通体系可以抑制城市交通碳排放量的上升。陈飞等（2009）主要通过调整出行结构，研究如何减少城市客运交通碳排放来实现减少碳排放总量的目标，提出发展轨道交通工具为主的公共交通和限制私人的机动交通工具正、反两个方面相结合的低碳交通发展策略。

可以将交通领域节能减排相关研究具体划分为如下几类。

1. 交通碳排放因素分析

国内外学者利用不同的研究方法（主要包括因素分解法、投入产出法、生命周期法、模型分析法、碳足迹消费模式法等，其中，因素分解法最普遍）分析城市交通碳排放，以找出影响交通碳排放的主要因素，为国家制定减排政策、加大创新力度提供可靠的科学依据，为城市交通体系碳减排提供正确的方向，最终成为实现城市交通可持续发展最有力的决定性因素。

基于众多学者的研究成果，影响交通碳排放的因素表现在以下几个方面。

（1）总体而言，我国不同地区或部门的碳排放量不同。

陈劭锋等（2010）研究在不同时间段内 CO_2 排放量驱动力的变化情况，结果表明其呈现倒 U 形关系。孙建卫等（2010）以生产满足我国居民基本经济消费品需求所需要的碳排放量为基础，分析不同区域、不同部门的碳排放情况。王建伟等（2012）按交通碳减排潜力，将我国各地区分为重点碳减排、限制碳减排、优化碳减排及积极碳减排四种类型，通过研究认为，交通碳减排潜力是从西部向东部呈现依次递增的趋势。东部沿海地区的减排潜能最大，是实施交通碳减排策略的关键区域。兰梓睿和张宏武（2014）指出，我国各省市的交通碳排放量明显不同，但其碳排放率差异不大，均能够用“凹”形曲线图表示，但相较于平均排放率水平，东部地区偏高，东北和西部地区偏低。

（2）影响城市交通碳排放的主要因素包括能源效率、能源消费结构、经济增长等。

徐国泉等（2006）、刘红光和刘卫东（2009）及刘春兰等（2010）利用指数分解分析（index decomposition analysis）方法，定量分析各宏观因素对城市交通CO_2排放变化的影响程度。许秀川和罗倩文（2008）采用新古典生产函数法表明，只有通过基础产业结构调整，以集约式增长为主的发展模式才能有效缓解我国国民经济增长中的过度能源消耗量。陈立泰等（2010）根据政府间气候变化专门委员会（Intergovernmental Panel on Climate Change，IPCC）碳排放计算指南，测算重庆市碳排放量，指出能源效率优化是促进碳减排的关键措施。董锋（2012）着重研究能源强度、结构、排放强度对工业部门能耗的影响程度。赵爱文（2012）也提出了控制能源总量、降低能源强度、优化产业结构及大力开发新能源是节能减排的最优措施。欧阳斌等（2014）综合研究公路、水路、客运交通的能耗和CO_2排放现状，提出优化城市交通运输结构（多式联运）和发展低碳交通客运出行模式（公共交通为主）分别是降低能耗和减少交通碳排放量的战略取向。

（3）居民出行模式结构变化是城市交通碳排放量变化的重要原因。

陈飞等（2009）指出不合理的交通结构是阻碍城市低碳发展的主要原因。张建慧等（2012）通过仿真模拟城市低碳交通模型，表明机动车拥有量和城市常住人口剧增是CO_2增长的关键拉动因素，并指出改善城市出行结构是实现低碳交通发展目标的主要途径之一。张玮等（2013）通过测算道路交通的碳排放量，认为在低碳经济的大背景下，研究现代公共交通发展模式（如智能公交系统）是影响交通碳排放的重要因素。施晓清等（2013）认为以电动汽车为主的交通模式具有强大的减排潜力。任纪佼等（2015）通过测算天津市七年内的交通总碳排放，并分析不同交通方式的碳排放比重，指出私家车出行比例的迅增、公共交通设施的不完善是城市交通碳排放量持续增长的重要原因，提出合理规划城市道路、控制私家车出行比例及优化公共交通模式是减排的重要方向。

2. 交通碳排放预测

交通碳排放预测的前提是研究其测算方式；不同交通工具适用于不同的测算方法和应用模型。掌握 CO_2 核算方式、计算其排量、分析其规律、预测其排放点对各学者研究城市交通碳排放有积极的作用。

Mori 等（2012）从车辆控制和交通需求方面，研发了一种交通网络模拟器，估算 CO_2 排放量。Int Panis 等（2011）从宏观（Copert 模型）和微观（VeTeSS 工具）两方面分别估算车辆废气排放量，并对比分析其结果。谢绍东等（2006）运用 Copert Ⅱ 模型，计算机动车废气排放因子，为车辆气体排放估算提供新依据。陈立泰等（2010）、张清等（2013）、刘蔚（2014）以及刘爽等（2015）分别采用 IPCC 清单指南报告中的自下而上法，测算城市交通 CO_2 排放量，并预测某一城市历年的碳排放变化趋势。张陶新（2012）以城市化发展速度、居民消费水平、人均国民生产总值及交通能耗为变量，利用可拓展的随机性的环境影响评估（stochastic impacts by regression on population，affluence，and technology，STIRPAT）模型计算碳排放量，运用协整法研究碳排放量与各变量之间的长期弹性关系，通过情景分析，提出了我国城市交通节能减排的政策方向。针对集装箱运输，Liao 等（2009）对其碳排放进行核算并预测其变化趋势。

3. 城市居民出行碳排放研究

自 19 世纪以来，全球平均气温上升了 1.4℃，随着气候变暖的不断加剧，人们对于交通运输所导致的环境问题的关注度也在不断提高。当前，受技术和经济发展水平的影响，我国的城市交通工具仍以燃油为主要动力，交通运输行业所需的汽油、煤油和柴油三种油耗占到社会各行业油耗总量的 70%，由此产生的温室气体排放对城市居民日常生活环境产生了直接的影响（蔡博峰等，2011）。高能耗和高排放是交通运输业的显著特点，近几年，国民经济的持续发展，居民生活水平的快速改善，城市居民的小汽车拥有量急剧增加，在改善了居民出行水平的同时，带来的负面影响也逐渐显露，拥堵加剧、交通碳排放量一直居高不下，这成为降低交通碳排放、发展低碳城市道路上的一座难以逾越的大山。低碳城市治理要求以低碳社会作为建设标本和目标，城市经济发展以低碳经济作为引导方向，城市交通发展以发展低碳交通为理念（李云燕和赵国龙，2015）。城市低碳交通发展理念是人类在城市低碳发展目标下提出的一种交通理念，低碳交通是一种既能满足居民正常的出行需求，又能够让交通能源消耗和温室气体排放保持在较低水平的交通方式，低碳交通包括减量交通和绿色交通两个方面，绿色交通即低碳出行（王茜和张建慧，2012）。

对居民出行方式的选择具有影响的因素多种多样，通常，出行者的不同个人特性和出行目的、出行距离等出行特性以及交通工具服务水平对居民出行方式的选择具有重要影响（金楠，2013）。在居民出行方式选择行为的研究上，国内外学者从不同的角度进行了实证分析。如 Buhler 等（2006）分析了居民平时、假日和不同出行目的下的出行方式选择变化，并深入研究了居民的假日出行转变策略。Thøgersen（2006）建立了小汽车出行者在非工作出行情况下的速度关系模型，并利用丹麦居民的实际出行调查数据分析了不同的道路服务水平和居民出行选择的关系。Can（2013）利用多重常态分布的 Probit 模型针对越南地区居民的出行方式选择和改变行为进行了分析。Singleton 和 Wang（2014）研究了学生在通勤上学路上的交通出行行为，以及不同交通政策对其交通出行行为的影响。Chatman（2008）利用加利福尼亚居民出行的实际调查数据，研究了出行方式的选择问题。这些都为现代城市居民交通出行选择的研究奠定了一定的理论基础。

在分析居民出行碳排放方面，王宇飞等（2016）从宏观上分析了我国居民出行的 CO_2 排放情况，预测了未来的变化趋势，并得出了影响交通出行碳排放的因素有汽车拥有量、公交出行占比、燃料的低碳技术和政策措施等四个方面。黄经南等（2015）通过问卷调查的形式分析了家庭日常出行的碳排放的影响因素，并得出了家庭的出行方式、收入水平、工作性质和学历都有显著影响的结论。曹小曙等（2015）根据广州社区居民的出行调查，得到了以社区为单位的出行碳排放指数及其在地图空间上的格局，并分析了影响因素，以及建立了地理位置与碳排放的关系模型。徐昔保等（2014）计算了长江三角洲的人均出行碳排放量，并根据出行距离对碳排放量进行划分。杨上广等（2014）以上海市的家庭出行为研究对象，通过问卷调查发现家庭出行碳排放具有聚集现象。龚咏喜等（2013）认为土地利用能够促进居民低碳出行。柴彦威等（2012）认为从城市空间结构组织能够优化居民出行，从而减少居民出行的碳排放量。马静等（2011）通过对北京居民出行碳排放的分析，认为对碳排放影响最大的因素是出行结构。

随着现代经济行为理论的不断发展和完善，以及相关统计软件的操作越来越简化，越来越多的学者对城市出行需求进行了深入分析，促进了出行需求研究的发展。国内学者在出行方式选择方面的研究也越来越多元化，许多学者利用传统的 Logit 模型对居民出行行为进行了深入研究，并对模型中的参数、算法等方面做了改进。陆佳佳和干宏程（2013）通过运用离散选择建模方法构建了二项 Logit 模型，以上海市居民为研究对象，研究了购物出行方式选择行为与停车收费的关系。王博彬等（2014）利用 Nested Logit 模型实证研究了出行距离、出行费用、性别、停车费用、出行时间等因素对居民节假日出行方式的影响。吴娇蓉等（2014）采用多项 Logit 模型，针对居民的日常非通勤活动进行出行方式选择影响因素分析，并对居民的居住地区进行了分类，比较分析了不同典型居住区居民的出行行为差异性。秦萍等（2014）构建了随机参数 Logit 模型，利用北京市居民的出行数据进行了影响因素实证分析，并深入分析了不同出行方式对出行者的时间价值，而且进行了出行时间弹性分析。何明等（2010）基于效用最大理论建立了关于轨道交通方式的非集计多元多层 Logit（multinomial nested logit，MNL）预测模型，对影响出行选择的不同因素进行了案例分析，结果证明，该模型的实用性较强、准确性较高，具有良好的预测效果。李志瑶等（2005）通过建立时间选择模型，实证分析了影响长春市居民出行时间的因素，并考虑两种针对小汽车的拥挤道路收费政策，对比分析了这两种政策对居民出行时间产生的不同影响。

4. 交通碳减排策略研究

城市交通节能减排措施主要体现在国家政策指导和碳排放影响因素方面。

（1）国家相关减排政策。随着我国城市经济水平不断提高，道路交通的 CO_2 排放量呈急剧增长之势。国外实践经验表明，交通政策的制定和完善是促进城市交通实现高效碳减排的重要指导性因素。虽然我国政策中直接针对交通碳减排的并不多，但系统来看，许多相关法律法规对交通碳减排起到非常积极的作用，如燃油经济性标准、机动车限行制度、停车费收取标准、新能源汽车财政补贴、《轻型汽车燃料消耗量标识》等。冯相昭和蔡博峰（2012）在《中国道路交通系统的碳减排政策综述》中详细介绍了我国针对有关道路交通的政策、法律法规，并给予分类分析。张银太和冯相昭（2013）针对城市交通低碳政策，综合讨论了燃油经济新标准、车用替代燃料、交通拥挤收费、新能源汽车、燃油税等多种政策，强调指出城市交通减排目标的实现不能仅仅依靠或执行一种措施或政策，最重要的是将不同方法或政策相互结合，使各自的减排效果更显著。

（2）交通碳排放减排措施。冯相昭和蔡博峰（2012）认为燃油性机动车剧增是加快城市交通 CO_2 排放的关键因素，还指出车用替代燃料和新能源汽车对交通碳减排的效果最为显著。Bristow 等（2008）认为，经济激励和交通基础设施的完善等措施的综合性使用是高效减排的方法。Hickman 等（2010）认为新型燃料的私家车、合理的定价制度、构建公共交通主导的交通出行模式等是有效的减排措施。Chapman（2007）和李立峰等（2012）指出，以轨道交通和公交车为主的交通出行模式能高效发挥交通碳减排效用。徐雅楠和杜志平（2011）认为城市居民环保低碳的意识及节能减排的消费理念的形成将是建立低碳城市最可行的方法。Loureiro 等（2013）分析城市交通减排路径，指出低碳燃料是城市居民比较认可的减排方案。张玮等（2013）认为智能公交系统能够快捷高效地节能减排。陈雷等（2015）认为多式联运运输方式能够更有效地实现减排的目标，也更深入地贯彻我国节能减排的政策。

四、本领域未来的探索方向

通过上述文献综述可以发现，在基于有限理性出行者的低碳交通治理研究方面，还存在如下一些问题，有待做进一步的研究与探索。

1. 有限理性出行行为建模

现有文献针对有限理性下出行者路径选择行为的影响因素的研究仍处于逐步完善阶段，大多数研究考虑的是出行者经济属性和出行路径属性，没有考虑有限理性相关的影响因素，并且很少考虑出行者的心理特征（如人格特质、风险偏好、个体学习等）对路径选择行为的影响，因此，不能很好地反映出行者有限理性的特征，无法真实描述出行者的路径选择行为。基于累积前景理论的路径选择研究尚处于起步探索阶段，模型的建立考虑的大多是城市交通系统的宏观层面，缺乏对微观层面出行者路径选择行为特征和选择机理的深入剖析。对参考点的现实意义和设定问题，虽然已有一些文献进行了探索，但是对于参考点的设定规则以及参数的实际含义还没有明确统一的认识，缺乏深刻的理解。虽然已有不少出行路径选择模型，但大多数并未考虑出行者的有限理性，在有限理性假设下，出行者路径选择的效用模型中变量如何设置，效用函数如何建立，考虑哪些方面才能使模型更符合实际情况，如何建立一个能够真实地反映出行决策行为的模型，还有待进一步研究探索。出行决策行为包括对出行目的地的确定、出发时刻的确定、出行方式的选择以及出行路径的选择四个方面。目前，大多数研究只考虑单一的选择方面，最多考虑从两方面建立联合选择模型，尚无同时将出行路径选择的各方面综合考虑建立起来的模型。

2. 有限理性用户网络均衡

目前，相关研究通常只是研究单一的出行模式，出行者只能通过相同的出行模式对路径进行选择，对不同出行模式的研究较少。在人们实际的出行中，往往会面临步行、私家车、公交车和轻轨等出行模式的选择，不同的出行模式也会对交通流量分配造成影响。在交通出行方面，主要研究宏观方面交通网络中流量的分配和均衡问题，较少分析微观方面出行者的出行行为。基本是假设出行是完全理性的，出行者能够掌握完全的出行信息等因素，并能够快速做出最优的决策，但这是不符合实际情况的，应当考虑生理和心理等因素的限制，基于有限理性假设的出行行为的研究很少，分析出行者的有限理性行为尤为必要。在交通流量分配时，并没有考虑出行者的多次出行决策的相关性。在以往的研究中认为，交通网络中出行者的决策行为是独立的，通过对该次出行的分析做出决策，但是出行者的出行决策会受到以往的出行经验的影响，在多次出行中的出行决策结果会表现出一定的连续性。在考虑出行时间时，出行者在出行决策时或者实施之前，并不知道该次出行的交通流量分布和实际的出行时间。在以往的研究中，认为出行者能够知道该次出行的交通流量情况，并通过美国联邦公路局（Bureau of Public Road，BPR）路阻函数等方式得出该次出行的出行时间。这是不符合逻辑也不符合实际情况的，出行者能够通过自身或者外界信息知道以往的交通流量分布情况，应该通过以往的交通流量分布情况测算出该次出行的出行时间。

3. 低碳城市交通治理

纵观国内外关于有限理性出行者、低碳城市交通和交通治理的相关研究可以发现，目前低碳城市交通治理相关研究存在衔接不畅的问题，即微观出行个体行为决策研究、中观交通网络均衡研究和宏观交通治理政策研究很少出现交集。虽然以上三个层面的研究已经比较深入并涌现出一定数量的优秀研究成果，但三个研究层面没有完整地串联起来，难以对我国低碳城市交通体系治理提供更有价值的政策建议。同时，关于居民出行的碳排放的实证研究数量有限。在有限的实证分析中，其区域主要集中在北京和上海等超大型城市，对中西部的城市居民出行碳排放的研究比较空白。在分析的时间上，主要分析了当年或者短时间的碳排放的问题，并没有分析近几年的碳排放情况，无法得到某区域的碳排放的变化趋势。

综上所述，我国城市交通的低碳治理问题归根结底是温室气体排放资源局限和城市社会经济发展、人民生活水平提高的正当要求之间的矛盾，是我国大型城市和超大型城市未来发展权的迫切需要。国内外研究学者也纷纷从不同视域展开研究，相关的文献数量增长迅速，但同时，大多数研究主要从宏观层面、中观层面和微观层面独立开展研究，将三个层面统筹起来的综合性研究非常罕见，缺乏基于异质性有限理性出行个体的城市交通网络均衡分析，更缺乏基于以上分析的城市低碳交通体系治理政策和机制研究。鉴于此，本书立足于我国大型城市低碳交通体系治理问题，运用定性与定量相结合的方法，识别影响异质性有限理性出行个体行为决策的关键因素，并在构建有限理性出行个体决策模型、基于累积前景理论的有限理性出行者网络均衡模型，以及基于以上模型的城市低碳交通体系治理评估的基础上，设计出一套适用性好且可操作性强的城市低碳交通体系治理政策，以期为我国城市低碳交通体系治理工作的科学化、规范化提供理论依据和信息参考。

第三节　本书主要的研究问题与思路

一、研究目标

本书考虑出行者有限理性特征，从微观行为引导视角研究宏观城市低碳交通体系治理问题。

1. 总体目标

针对大型、超大型城市设计合理的低碳交通政策，使其有效引导出行者实施低碳交通出行这一现实问题。在深入分析异质出行决策个体的有限理性等特征的基础上，基于通行能力随机退化的交通网络，建立考虑出行者有限理性特征的城市低碳交通网络流量均衡模型，并以满足区域内交通需求和碳减排约束为目标，设计考虑出行者有限理性特征的行为引导与动态城市低碳交通体系治理策略，提高大型、超大型城市低碳交通治理政策的有效性。

2. 具体目标

本书针对我国大型、超大型城市低碳交通治理问题展开系统研究，以弥合交通治理政策设计的宏观性和出行行为决策个体的微观性之间的鸿沟为研究切入点，以考虑异质出行决策个体有限理性行为特征的低碳出行行为引导政策设计为特色，以考虑有限理性的动态城市低碳交通网络流量均衡建模与应用研究为主线，预期达到的具体目标如下。

（1）从理论上提出一套考虑有限理性的出行行为引导机制，为城市居民低碳出行引导提供理论基础。

（2）设计考虑有限理性的低碳出行决策规则，并建立定量优化模型及求解算法，形成两阶段城市低碳交通流分配方案，为城市低碳交通模式分配和网络均衡提供技术支持。

（3）将考虑有限理性的低碳出行决策规则与两阶段城市低碳交通流分配相结合，针对动态分散异质出行需求提出系统的城市低碳交通体系治理政策方案，为我国大型、超大型城市低碳交通治理提供技术支持。

二、研究内容

研究引入出行者有限理性，从微观行为引导视角研究宏观城市低碳交通体系治理问题。首先，识别影响有限理性出行者决策的关键因素，梳理因素间的作用机制，构建有限理性出行者决策模型；其次，结合通行能力随机退化的交通路网，以及双参考点累积前景用户，构建随机环境下的有限理性用户均衡模型；再次，以随机环境下的有限理性用户均衡模型作为政策模拟平台，分析城市低碳交通体系治理政策设计的关键参数，以及治理效果；然后，以重庆市为案例，对交通碳排放收费政策进行分析；最后，根据之前研究的结果，设计促进我国城市低碳交通体系治理的制度与政策建议。研究主要包含以下内容。

（1）有限理性用户决策机理分析与决策模型构建。本书希望通过合理的设计，提高低碳交通行为引导政策的有效性，进而促进城市低碳交通体系治理工作顺利、有效地进行。因此，有必要对有限理性出行者制定决策的过程、机理和关键影响因素进行分析，构建有限理性用户决策模型。本书通过文献元分析，构建有限理性用户决策基本逻辑模型，并采用问卷调查与数理统计方法，开展出行者行为决策影响因素调查。通过调查获取背景城市出行者的出行偏好、出行决策影响因素、特定情景下的风险态度及出行决策结果等相关信息。通过统计分析，提炼出行决策关键性影响因素，对个体行为模型进行改进，建立出行行为概念模型，系统地展现个体出行的情境依赖、学习能力和风险态度等因素之间的相互影响，以及交通治理政策如何通过用户决策关键因素影响出行行为的机理，并据此获得出行行为引导措施设计的基本参数，建立出行者行为决策模型。

（2）基于随机退化路网的有限理性用户网络均衡模型构建。为了对城市低碳交通体系治理政策进行效果评估，有必要搭建有限理性用户分散决策的局部路网用户均衡平台。为了更加符合城市路网真实的随机环境，本书的基础路网采用通行能力随机退化的城市交通网络。同时，为了保障分散独立决策的出行个体更加切合实际，本书采用了前沿的双参考点累积前景用户择路模型作为有限理性决策单元。因此，本书对传统的网络交通均衡配流模型进行改进，将随机路网与有限理性用户相结合，构建了基于随机退化路网的有限理性用户网络均衡模型。在此基础上，对模型进行扩展，构建了多类用户分散决策下的用户均衡模型，并分析了用户风险态度差异对系统效率的影响。研究强调了有限理性用户异质风险态度对系统均衡状态的影响。研究也表明，为了提高交通行为引导政策的有效性，有必要根据风险态度对出行用户进行群体划分，提高政策的针对性。

（3）基于有限理性用户网络均衡的交通治理政策研究。利用之前搭建的随机路网下有限理性用户网络均衡分析平台，对部分常见的低碳城市交通治理政策进行仿真与评估。本书主要分析了碳排放收费和 ATIS 等两类政策。研究发现，两类政策均能够对有限理性出行者的交通行为产生一定影响。但为了确保有限理性出行者能够根据政策设计者的初衷，做出更加低碳环保的出行决策，就必须慎重地选择政策设计的关键参数。这些参数主要包括“碳排放收费”政策中无差别收费车道的位置、方向、费率和时间，以及 ATIS 渗透率等。为了保证城市低碳交通体系治理政策的施政效果，有必要在政策设计阶段展开广泛、深入的调查、访谈与论证，并利用本书构建的平台进行仿真。在此基础上，从试点开始，逐渐完善与推广，以保障城市低碳交通体系治理政策的有效性。

本章小结

本章首先介绍了本书的研究背景和意义，指出了研究有限理性出行行为建模分析的必要性，以及相关模型在城市低碳交通体系治理等工作中的意义。其次，提出了本书的主要研究目标，并归纳了本书的主要研究内容。

第二章　考虑外生政策调节的城市低碳出行决策模型

交通治理政策生效的关键是能够影响个体出行者的行为决策。为提升城市低碳交通体系治理政策的有效性，有必要研究城市出行个体的决策过程、影响因素及其影响机理。本书从社会心理学角度出发，研究情境依赖、学习能力与个体出行行为决策之间的相互影响，并将外生政策纳入个体出行行为决策过程研究框架，分析外生政策对出行行为决策与情境依赖和学习能力之间关系的调节作用。在对相关研究进行系统梳理和总结的基础上，构建了城市低碳出行决策过程的逻辑模型，该模型可为出行行为决策实证研究提供系统的分析框架。

私家车出行过量是城市交通系统高碳低效的主要原因，造成了城市拥堵、污染、雾霾等一系列问题。低碳可持续城市交通系统的构建，考验着城市低碳交通体系治理政策设计的有效性。而传统的交通规划管理政策设计的对象是宏观“交通流”，并将交通流视为属性固定的简单客体，忽视了城市交通的真正决策者——成千上万独立出行的居民个体，降低了城市低碳交通引导政策的有效性。为了弥合城市低碳交通体系治理政策设计的宏观“交通流”视角与城市出行决策分散异质性的微观特点之间存在的差距，有必要针对单个城市出行决策者的决策行为进行建模，并研究外生政策刺激对个体出行决策行为的影响机理。构建一套考虑外生政策刺激的城市出行低碳化决策模型无论对理解城市居民出行决策机理，还是提高城市低碳治理政策设计效果都具有一定的参考价值。

出行行为研究领域最常见的研究主要分为四大类：①基于“四阶段法”的出行行为研究；②基于活动链的出行行为研究（隽志才等，2005）；③基于有限理性的出行行为研究（Xu et al.，2011a）；④基于异质出行决策的出行行为研究（Hess and Train，2011）。早期最常见的城市交通出行研究方法是 *Chicago Area Transportation Study* 的“四阶段法”。随着出行研究的进一步深入，基于活动链的出行行为研究获得了广泛关注（Bowman and Ben-Akiva，2001），相关研究将马尔可夫链，或基于效用理论的非集计选择模型（Bowman and Ben-Akiva，2001）与活动链相结合，对出行行为进行分析与预测，取得了大量研究成果。很快，有研究者意识到传统的出行行为研究对出行者的认识过于简化、单一，将出行决策等同于固定过程的期望效用理论（expected utility theory，EUT）最大（Razo and Gao，2013）或随机效用理论（random utility theory，RUT）最大（Lovreglio et al.，2016）的假设仅关注效用函数的参数设置，而忽视了不同出行者效用函数本身的结构差异，与现实脱节，限制了出行决策研究对现实的指导意义和应用价值（Hess and Train，2011）。随着行为经济学中理性理论研究的逐步深入，部分研究者将有限理性引入交通行为研究（Hess and Train，2011；Xu et al.，2011b），在出行行为决策过程中加入了参考点依赖和风险态度等因素，使出行行为决策模型更加接近真实人。Hess 和 Train（2011）在综合前人研究的基础上发现，交通行为研究在智能算法、计算机仿真、行为经济学等学科成果的基础上不断进步，在构建出行行为模型后可以精确估算和预测个体行为以及整个交通网络的均衡状态，这就使得出行行为建模成为交通出行研究的重中之重。由于出行者数量众多，其异质性的显著特征要求出行决策模型不能仅仅变动参数，而更应关注多种模型结构的差异和融合。该研究根据不同出行者，将"标准"的随机效用最大化模型（random utility maximization models）与词典模型（lexicography based models）、多参考点模型（models with multiple reference points）、因素消去模型（elimination by aspects models）和随机后悔最小化模型（random regret minimization models）分别结合用于案例研究，取得了较好的效果。

城市交通治理是交通行为应用研究领域的重点，这是因为交通行为研究的现实意义主要是为交通治理提供基础理论支持（Xu et al.，2011b）。目前，交通治理政策研究主要可以分为五类：①信息引导；②公交服务水平；③公交定价；④拥堵（排放）收费；⑤公关宣传等。相关研究认为，从宏观角度分析，导致城市交通高碳低效的原因主要来自两方面：首先是城乡差距导致的城市道路交通供需失衡，城市有限的道路通行能力无法满足居民过量的出行需求，因此希望通过出行需求削减（远程上班/上学，居住/通勤密度均化等）、需求转移（私家车出行转公交出行、在全路径中增加公交出行路段等）等政策实施城市交通需求管理和引导。具体的政策包括限制发放私家车牌照、提高公交服务水平、合理公交定价、拥堵（排放）收费等。其次，从微观角度来看，交通流分布的时空不均是产生交通网络瓶颈的主要原因，对交通出行进行引导，能够有效均化城市交通流的时空分布不均问题，在微观上促进现有交通系统的低碳高效发展。具体的政策措施有信息引导、拥堵（排放）收费、错峰上下班、限制城区日间通行车辆类型等。

这些文献分别进行了出行行为模拟和城市交通治理政策效果仿真，但仍然存在以下问题：①针对出行行为模拟的相关研究只重视建模后的数理推导与计算仿真，对出行者决策过程模型的设计过于简化，使研究对象“出行决策单元”背离了真实“异质出行者”，降低了研究的现实意义；②关于城市交通治理政策效果的相关研究只见“交通流”而不见“出行者”，将城市交通流简单描绘为固定结构和参数的客观实体，在此基础上通过计算仿真得到的政策对现实指导意义较小；③少量将个体出行行为决策与城市交通治理政策结合的相关研究一般将城市出行者简化为相同属性的均衡个体，试图用简单统一的决策过程结构和少量潜变量参数描绘复杂的异质出行决策“黑箱”，没有考虑到异质出行者的决策结构差异。针对这些问题，本章将结合情景依赖和学习能力构建城市居民出行决策模型，从静态到动态视角，重点研究出行决策制定与演化的过程和重要影响因素。在此基础上，分别研究五类外生城市交通治理政策刺激对出行者决策制定与演化的过程，为城市交通治理政策设计提供信息支持。

第一节　理论分析与逻辑模型

一、出行决策过程

个体行为研究为出行决策研究提供了理论基础。如图 2-1 所示，Robbins(2004) 认为决策触发行动，并将个体行为总结为从静态到动态的两个相互作用的过程：

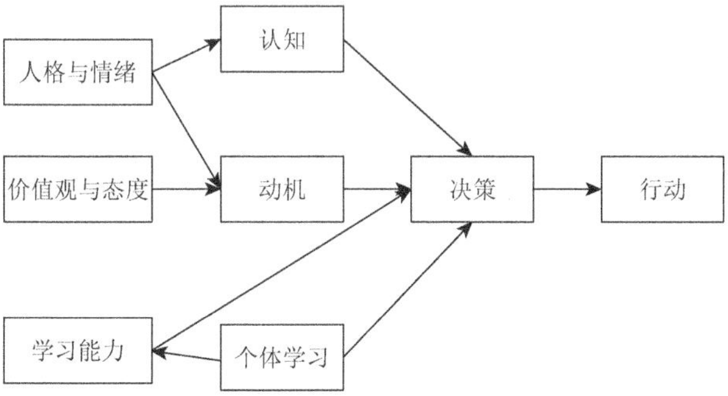

图 2-1　Robbins 个体行为模型

从静态来看，决策的制定受到认知与动机的影响，而人格与情绪、价值观与态度决定了个体的认知和动机；从动态而言，由于人具有学习能力，会根据先前遭遇的环境和信息改善未来的决策与行动，而个体学习的经验不仅能够影响个体决策，同时也会影响个体学习能力并再次间接地作用于个体决策。

将个体行为模型应用于出行决策研究，许多研究者建立了具有差异的出行行为逻辑模型。徐红利（2013）将出行决策过程划分为三个部分：客观环境、个体特征以及决策行为。她在 Robbins（2004）个体行为模型的基础上，将“客观环境”与“主体特征”进行子类细分，并认为客观环境不仅决定个体对路径参数的认知，也会对个体情绪、动机、学习能力和个体学习产生显著影响，同时个体特征各个子类之间也存在相互影响，而之前的决策行为也能够通过个体学习影响个体未来的出行决策。杨露萍（2014）基于系统分析视角，将出行决策影响因素划分为系统外部因素和系统内部因素，分析了系统外部因素通过系统内部因素作用于出行决策的过程。值得注意的是，杨露萍（2014）将交通方式服务水平和政策导向与出行者个体一同划分为系统内部因素，而其他相关研究多将服务水平和政策导向归结为外部环境因素，因此该研究对个体出行决策过程的观点与其他研究存在差异。基于决策科学视角，韩秀竹（2015）对个体单次出行决策过程进行了刻画。韩秀竹（2015）刻画的个体出行决策过程符合传统的阶段化决策分析模式，但该过程认为在整个出行决策制定的过程中，外部因素和内部因素仅能影响“确定决策准则”这一步骤，且外部因素并不会对个体内在特征产生影响，与其他相关研究假设存在差异。根据变量的可观测性，陈坚（2012）从管理学研究视角，将出行决策影响因素划分为可观测变量（显变量）和潜变量，利用显变量间接地研究潜变量对个体出行决策的影响作用，从而绕过异质性较强而模糊不清的隐性心理变量（即出行决策“黑盒子”），获得了实用性较强的研究成果，其决策过程如图 2-2 所示。

基于此，本书认为，在构建个体出行决策过程模型时应当注意明确不同阶段和类别的划分，厘清各类别的相互影响关系。同时，由于情绪、动机、学习能力等潜变量是个体出行决策重要的影响因素，因此个体出行决策模型不可省略，技术上可通过设计适当的可观测变量对潜变量进行间接测量。考虑到外生政策能够影响个体决策者对外部环境因素的认知和内部能力因素的形成，并在学习能力演

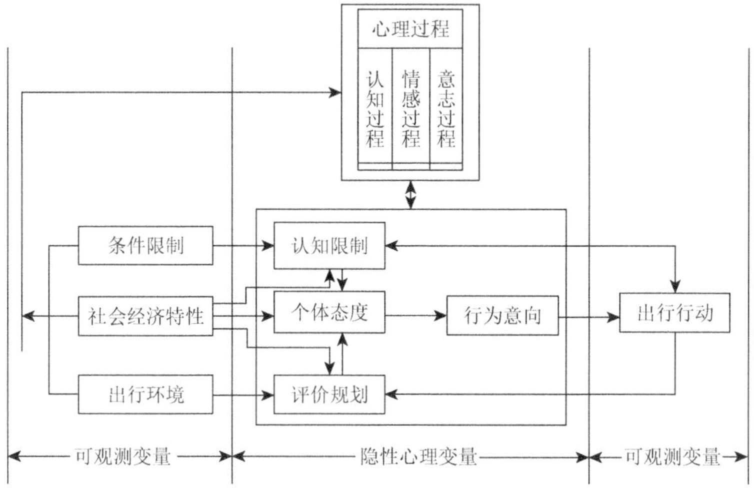

图 2-2 含潜变量的个体行为决策过程

化时对外部环境因素进行调节，进而作用于出行决策，因此在构建城市交通低碳化模型时，应考虑外生政策的调节作用。

二、出行决策与情境依赖

情境依赖和情境建模是行为决策基础研究领域的重要内容，最早的情境模型来自 Kintsch 和 van Dijk（1978），在此基础上，Zwaan 等（1995）提出了著名的活动索引模型，并提炼出时间、空间、人物、因果和意图等 5 个维度对情境进行描述。在交通出行研究领域，距离、时间、成本等外部情境因素对出行决策的影响已经得到公认，而越来越多的研究者认为，外部情境因素不仅是出行决策重要的影响因素，更是异质性出行决策产生的主要原因之一，即个体出行决策存在“情境依赖”（Oppewal and Timmermans，1991；Zhang et al.，2004）。相关研究认为交通网络状态（Oppewal and Timmermans，1991）、出行距离（Zhang et al.，2004）、出行时间（Khattak et al.，1993）、出行费用（Xu et al.，2011a）等外部情境能够有效影响个体出行决策的制定。

在交通出行决策研究方面，可以将活动索引五维度模型中的因果维度和意图维度合并为一个新的维度，以描述出行意图（如通勤、娱乐、购物等）。根据情境依赖的活动索引模型分析框架（Zhang et al.，2004），对城市出行行为情境依赖性的时间、空间、人物、意图等四个维度分别进行描述：①时间是交通出行行为分析中最为重要的因素之一，时间不仅可用于描述路网、路径或路段的通行能力，还可作为出行决策约束，或用于评价出行模式服务水平。②交通出行行为的空间维度主要集中于路网描述，其重要参数是路网通行能力或拥堵状态。③在人物维度方面，相关文献主要研究性别、年龄、种族等参数差异下出行决策的异质性。④意图主要描述城市交通出行的目的性，目前的研究主要将短途出行意图划分为通勤、购物与娱乐，并将长途出行划分为商务与度假（Ory and Mokhtarian，2009）。相关研究认为，通过以上四个维度可以对出行情境进行定义，而依据各维度上参数的不同，出行决策存在较大的差异。

同时，部分研究认为，情境依赖不仅体现在单次出行决策上，更将对出行者的内在学习能力产生影响，进而改善出行者出行需求的生成，以及信息的搜集和处理能力，最终作用于出行决策。Ory 和 Mokhtarian（2009）研究了出行者短途出行经历对出行个体学习能力和出行态度的影响，研究认为较高的出行频次能够对出行认知和学习能力产生正面影响，进而改善个体喜好，引发新的出行需求。Ettema 等（2005）认为，个体面对拥堵时能够有效提升学习动力和能力，进而可能改变出行决策。

基于以上论述可以得出，与其他行为决策相似，出行行为决策也存在情境依赖性。情境依赖不仅存在于单次出行决策中，情境本身也会对出行者内在的学习能力产生影响，进而在出行需求、模式选择、路径选择等方面改变个体出行决策。因此，改善外部情境能够促进出行者削减出行需求，或将小汽车出行模式转换为公交出行模式，有利于促进出行决策的低碳化改善。基于此，本书提出以下命题。

命题 1：外部情境对出行决策低碳化改善具有显著的影响。

命题 2：外部情境对出行个体的学习能力改善具有显著的影响。

三、个体学习与出行决策演化

个体学习是指个体搜集信息、处理信息、获取知识和输出知识的能力，它对个体行为决策的形成和改变具有显著的影响。陈国权（2008）构建了 9 维度个体学习能力描述模型，将个体学习能力归结为发现能力、发明能力、选择能力、执行能力、推广能力、反思能力、获取知识能力、输出知识能力以及建立知识库能力。在出行决策研究方面，研究者将个体学习视为出行决策制定的重要影响因素。

学习能力更强的个体，其出行时间和成本等参数的标准差更大，出行决策稳定性更低（Ory and Mokhtarian，2009）。

个体学习能力作为一个潜变量，在实证研究中难以直接测量。为了对出行者的学习能力进行评价与量化，相关研究设计了显变量和测量指标，成功解决了学习能力这一潜变量的测量问题。该领域针对国外出行者的研究较多，而针对国内出行者的研究较为罕见。以我国城市出行者为对象的研究中，陈坚（2012）的研究具有一定的代表性。其研究对个体出行的潜变量进行了分析和梳理，认为个体出行决策的内在影响因素主要可以划分为个体态度、主观规范、行为控制以及行为意图等 4 个潜变量，并针对以上 4 个二级潜变量分别设计了 23 个测量指标，构建了基于计划行为理论（theory of planning behavior，TPB）的出行行为分析模型，用以研究公交出行模式决策的内在影响因素。研究认为，行为控制对决策的影响最大，其次是个体态度和主观规范。

因此，在城市交通低碳化治理过程中，出行者学习能力可能显著影响出行决策的稳定性，学习能力更高的个体更可能根据情境以及政策的差异对出行决策进行调整，出行决策低碳化改善的内部阻力较小。根据相关研究，个体学习能力不仅有先天因素，也受到出行频次、路网拥堵状态等外部情境的影响（Ettema et al.，2005）。本书提出以下命题。

命题 3：个体学习能力对出行决策低碳化改善具有显著的影响。

四、外生政策调节作用

行为经济学认为，个体能够对外界刺激做出反应，即外生刺激能够促使个体改变行为决策。对于出行个体而言，在既定的情境和学习能力约束下，通过外生刺激能够促进个体效用值发生变化，变化后的效用值超过阈值水平时，个体出行决策将发生改变。交通管制政策是一种针对出行决策的常见外生刺激，它不仅能够改善出行者对情境的理解和认知，在情境依赖下促进出行决策的低碳化发展，也能够促进个体学习倾向，有利于个体学习能力的提升。

常见的低碳交通治理政策可分为以下三类：①公交优先；②价格调整；③信息引导。公交优先政策的目的是通过资源投入向公交倾斜，促进城市交通需求从私家车转向公交系统，具体策略包括规划优先、用地优先、财政投入优先、补贴补偿优先、路权优先及公交企业职工劳动保障机制等，其中最受学界和管理机构瞩目的是路权优先政策。路权优先，即在城市道路多车型混合行驶过程中，将路权优先分配给公交车，以提升公交车行驶速度，保障公交车运行的准时性。因此，路权优先政策有利于提升公交服务水平和吸引力，促进更多出行个体从私家车出行转向公交车出行，在满足出行需求的基础上，减少城市交通碳排放。路权优先政策可以划分为两类：时间优先和空间优先。时间优先主要通过交叉口信号控制优先实现，而空间优先主要通过公交专用道和快速公交实现。价格调整，即通过对不同出行模式的价格进行调整，改变不同出行模式的价格参数，最终影响出行者不同模式的总效用，以促使出行者选择更加低碳的出行方式。促进城市交通低碳化价格调整政策可以分为两类：对私家车出行或拥堵路段出行收取额外费用，以及对公交或新能源车等低碳出行模式进行补贴。常见的收费机制主要有停车费、燃油税上浮、动态行驶费等。而针对补贴机制的相关研究主要集中于公交定价研究。为了保障价格调整政策对交通节能减排的有效性，需要了解区域出行者的决策阈值，并设计合理的收费机制和配套补贴机制，否则可能难以收到较好的效果。ATIS 管理指通过无线网络和全球定位系统（global positioning system，GPS）等技术，由信息中心发布路况、公交服务和天气等相关信息，并传输至个体出行者的移动接收端（车载导航系统或智能手机），进而引导个体出行者理性选择更加低碳顺畅的出行方式和路径。虽然信息引导研究领域主要的研究方向是信息引导下的交通网络均衡与稳定性分析，但也有学者将 ATIS 与低碳交通治理联系起来。研究表明，在 ATIS 的协助下，不仅可以引导个体出行者改变其出行决策，使其选择更加低碳环保的出行模式或路径，还能够有效提高区域排放测算的精度。

在以上论述基础上，本书认为：①外生政策刺激会强化情境依赖对出行决策低碳化的正面影响；②外生政策刺激会强化学习能力对出行决策低碳化的正面影响；③外生刺激会强化情境依赖对学习能力的正面影响。因此，本书进一步推论，外生政策刺激不仅通过调节环境依赖与出行决策以及学习能力与出行决策之间的影响，促进城市低碳交通体系治理，还能够强化情境依赖对学习能力的正面影响，间接地作用于出行决策低碳化。

基于以上论述，本书提出以下命题。

命题 4：外生政策刺激越强烈，情境依赖与出行决策的正向联系就越强。

命题 5：外生政策刺激越强烈，学习能力与出行决策的正向联系就越强。

命题 6：外生政策刺激越强烈，情境依赖与学习能力的正向联系就越强。

第二节　出行决策低碳化模型及其变量

在相关研究的基础上，本书阐述了情境依赖、学习能力、外生政策刺激与出行决策之间的关系，并提出了相关命题，由此得到了个体出行决策影响机理的逻辑模型，如图 2-3 所示。

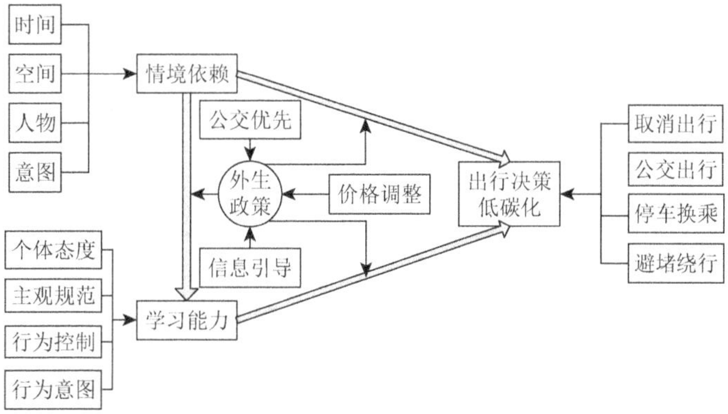

图 2-3　个体出行决策影响机理逻辑模型

该模型系统展示了情境依赖和学习能力对个体行为决策的影响、情境依赖对学习能力的影响，以及外生政策对情境依赖、学习能力和出行决策三者相互影响的调节作用。同时，对情境依赖、学习能力和出行决策进行多维度梳理与划分：①从时间、空间、人物和意图四个维度对情境依赖进行描述；②从个体态度、主观规范、行为控制和行为意图四个维度对学习能力进行描述；③以取消出行、公交出行、停车换乘和避堵绕行对出行决策低碳化进行描述；④将外生政策总结为公交优先、价格调整和信息引导三方面。

第三节　模型检验与测量方法

由于传统的交通出行行为调查（集计模型和非集计模型）无法处理出行行为

影响因素中的潜变量，本书采用行为经济学常用的结构方程模型对逻辑模型进行验证与测量。

如图 2-4 所示，整个研究分为模型构建、问卷设计、模型检验与测量、讨论与结论四个阶段。第一阶段的主要工作是根据文献综述与理论分析，梳理模型各部分之间的相互关系，构建初始逻辑模型。第二阶段的主要工作是问卷设计，首先结合现有量表和相关理论进行问卷的量表设计；其次根据当面访谈，对设计出的量表进行修改，得到初始题项；然后以初始题项为基础，开展小规模抽样调查检验，对初始题项进行检验和修改，小规模抽样调查检验通过后，得到正式问卷。第三阶段的主要工作是使用问卷调查收集到的数据，对模型进行验证性因子分析

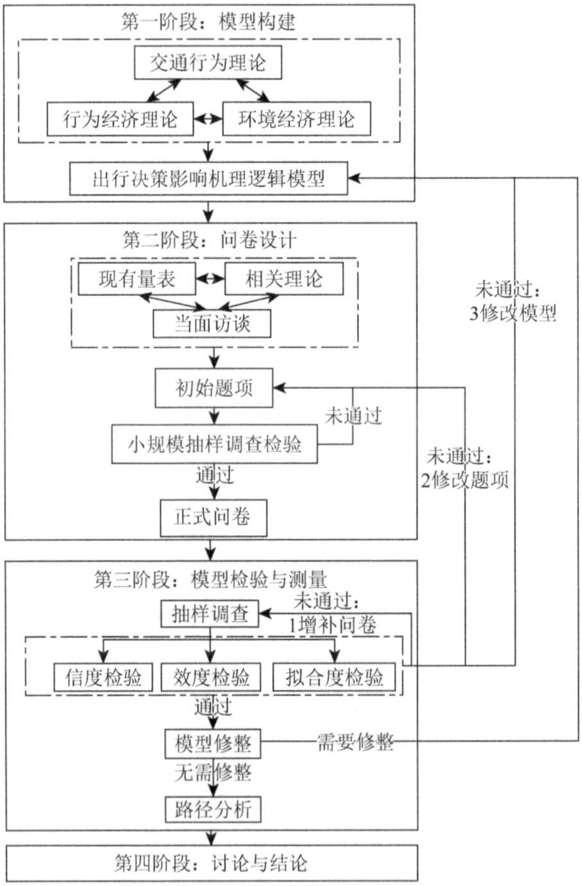

图 2-4　模型检验与测量流程图

和路径分析，对模型进行检验和测量。首先，对模型进行信度检验、效度检验及拟合度检验。然后，通过检验后可以根据 Amos 软件提出的模型修整建议，对模型进行细节上的修整，修整完成后，对模型进行路径分析。第四阶段，根据路径分析的结构对模型进行讨论并提出研究结论。

结合现有量表和相关理论对本书的初始题项进行设计（表 2-1）。其中，对情境依赖的测量主要借鉴 Oppewal 和 Timmermans（1991）和 Zhang 等（2004）的研究成果，对学习能力的测量主要参考 Ory 和 Mokhtarian（2009）、Ettema 等（2005）和陈坚（2012）的研究成果，对外生政策刺激的测量主要借鉴葛芳（2011）、陈坚（2012）和 Bifulco 等（2016）的研究成果，对出行决策低碳化的测量主要参考金楠（2013）、黄晓燕等（2014）和 Dijk 和 Montalvo（2013）的研究成果。

表 2-1　初始题项

变量	测量题项
情境依赖	若时间紧张，又不是很堵，我更愿意开车/打车，而不是坐公交/地铁
	去市中心，我选择公交/地铁，去其他地方我更喜欢开车/打车
	若有朋友跟我一起坐公交/地铁，那我也可以不开车/打车
	有私家车却坐公交/地铁，会让别人低估我的实力
学习能力	我曾主动打听或上网搜索公交/地铁路线信息
	若所有朋友或同事都坐公交/地铁去，而某一人开车去的话，那他不合群
	我知道坐哪一趟公交/地铁上下班
	上周 7 天，我有 4 天以上随身携带公交/地铁卡
外生政策刺激	从起点到终点，若公交/地铁（含走路和换乘时间）比开车快 10min，那我愿意坐公交/地铁
	若能在手机上随时查到公交/地铁的路线和位置，那我更愿意坐公交/地铁
	我曾因为停车费（打车费）太贵而坐公交/地铁
出行决策低碳化	若可以网上或打电话解决问题，那我宁愿不出门
	上周 7 天，我坐公交/地铁的次数超过了开车的次数
	若在市中心外围的公交/地铁站旁边有方便又便宜的停车场，那我也可以把车停在那里，然后坐公交/地铁去市中心
	上周 7 天，我曾为了躲避拥堵而不开车，或开车绕远路

本 章 小 结

本章从个体出行行为决策视角出发，探讨了出行决策的形成和演化过程。在此基础上，探讨了情境依赖和学习能力对个体出行决策的影响作用与机理，分析了外生政策分别在情境依赖对出行决策影响、学习能力对出行决策影响和情境依赖对学习能力影响下的调节作用。最后在相关研究评述和影响机理分析的基础上分别提出了 6 个相关研究命题，并构建了个体出行决策影响机理逻辑模型（图 2-3）。

本章对个体出行行为决策形成过程及其影响机理的相关研究进行了梳理，构建的逻辑模型对未来相关研究提供了可参考的平台，未来可在本章提出的逻辑模型基础上对研究结论的外部效度进行检验，对本领域问题进行深入拓展。

本章对相关领域的实践有如下意义：①在城市交通治理政策和出行行为决策引导策略设计时，可以在心理学活动索引模型框架的基础上，分别从时间、空间、人物和意图等不同维度着手，并综合运用四维度下情境依赖对于出行决策引导的影响。②由于出行个体学习能力与出行决策的长期演化具有显著的正面影响，城市交通治理者可以通过教育、培训等手段提高城市居民的个体学习能力，同时也应该积极应用信息技术降低个体获取信息的成本，以提升个体出行决策的柔性，提升城市交通治理策略的效果。③情境依赖可以作用于个体学习能力，即在不同情境下，个体学习能力的提升程度存在差异。城市交通出行中常见的是拥堵环境下的出行者更倾向搜集信息、变更出行决策，而此类经历可以显著提升个体学习意图，进而改善学习能力。因此，城市交通信息系统的设计应该在一定程度上倾向此类情境下的出行个体，以促进个体学习能力的改善，最终塑造更具柔性的出行者群体。④目前，城市交通治理的政策设计中，常见的是作用于情境依赖的相关政策（时间、价格、服务水平），今后可进一步实施适当的出行决策引导政策，以促进个体学习能力提升，以及发挥情境依赖对学习能力的正面作用，最终作用于出行决策的改善。

第三章　城市居民低碳出行倾向影响因素的实证分析

低碳出行倾向是低碳出行行动的前因。为引导城市居民低碳出行，有必要研究其低碳出行倾向的影响因素。本书结合出行行为决策理论、消费者选择理论和有限理性理论，归纳出六类城市居民低碳出行倾向影响因素：公交友好、情境依赖、时间感知、价格感知、学习能力和社会规范等。在此基础上，对六类因素进行了验证性因子分析，构建了路径分析模型。研究证实了六类因素对城市居民低碳出行倾向具有较强的影响作用。

为了完成我国“力争 2030 年前实现碳达峰、2060 年前实现碳中和”的目标愿景，我国政府采取了一系列低碳治理措施，并设置了大量“低碳城市”和“低碳交通”试点。由于交通运输业已成为全球第二大碳排放部门，而我国城市交通（含都市圈）中小客车碳排放约已占到交通领域总排放的 40%（袁春毅等，2021），目前，城市交通碳减排已成为我国大中城市交通管理部门工作中的一项重要内容。由于城市交通出行的实施者是成千上万独立决策的个体出行者，而政府主管部门并不能代替其决策是否选择低碳出行模式，因此，要保障城市低碳交通体系治理的效果，必须充分了解城市出行者的行为决策特征，使出行者决策顺应管理者制定的政策而进行低碳化转变。根据 Ajzen（1991）提出的计划行为理论，态度影响行为倾向，而行为倾向则是能够影响实际行为的重要心理因素。Van 等（2014）认为出行倾向是连接出行态度和实际出行行为的重要心理因素，它帮助塑造了出行者的出行偏好，并进一步有助于形成稳定的出行决策模式。同时，由于出行行为倾向对于出行行为决策影响的重要性和长期性，城市交通管理者在设计出行行为引导政策时应当充分考虑到目标群体的出行行为倾向。相关文献研究表明，出行行为引导政策很难直接作用于实际出行行为，但是能够通过改善出行行为倾向达到出行行为决策引导的目的。因此，对出行行为倾向的影响因素进行研究是十分必要的。

出行行为倾向影响因素是出行行为倾向形成的前因。虽然国内外学者对出行行为决策影响因素进行了大量的研究，并取得了一定的研究成果，但是依然存在以下问题：①针对整体出行行为决策进行研究，没有对出行行为决策由影响因素到倾向再到偏好最后到实际行为决策的过程进行划分，研究点不够细致；②现有针对出行行为倾向的文献主要集中于国外研究，针对国内出行者的研究较少；③国内与交通出行行为倾向有关的少量研究往往关注旅游产品的选购，而关注城市低碳交通的非常罕见。针对以上问题，本章采用探索性因子分析与验证性因子分析相结合的方法，对城市低碳出行倾向影响因素进行归纳与提炼，并通过比较分析各影响因素之间的作用机理，提出我国城市低碳交通体系治理的政策建议。

第一节　影响因素提取

一、文献元分析

文献元分析是一种对现有文献资料的非介入性研究，其具体过程是采用统计分析和测量等方法，对某一研究主题现有的文献进行搜集、统计、分析与综合，提炼出当前理论界对该主题的主要观点和认识。由于低碳出行行为倾向研究较为少见，本书共收集并筛选出 28 篇与低碳出行和公交出行相关的国内外研究文献。经过梳理，针对低碳出行和公交行为倾向的影响因素的研究主要从个体选择理论、知识管理理论、有限理性理论和社会心理等四个角度进行。

1. 个体选择理论

出行行为研究中的个体选择理论来自传统的微观经济学中的消费者选择理论，主要研究在一定的资源预算约束下个体行为人的选择偏好。个体选择理论将出行者视为绝对理性人，并将出行决策问题简化为静态的成本效用分析，其中最常见的是经典的 Wardrop 用户均衡（user equilibrium，UE）原则和系统最优（system optimal，SO）原则。个体选择理论主要关注外部情境对个体出行决策的影响，此类研究中常见的外部情境参数包含出行价格、出行时间、出行距离和交通网络状态等。例如，Davis 和 Kilian（2011）认为通过征收碳排放费增加私家车出行成本能够有效提升美国出行者的低碳出行倾向。Ettema 等（2005）研究了事故导致交通拥堵情况下的出行者出发时间选择问题，认为拥堵时间的长短将直接影响出行者重新择路倾向。Khattak 等（1993）的研究认为出行距离对出行者换路倾向具有显著影响，短距离出行者的换路倾向更大，而长距离出行者即使发生了换路行为，也更倾向再回到之前规划好的路径上去，其择路的柔性更小。刘有军和田聪（2013）比较了方格网式和环形放射式等不同路网形态对城市交通拥堵影响的差异，认为不同路网形态对交通拥堵的形成具有显著的影响，显然这也将进一步影响出行者对路况的预期，进而影响出行倾向。黄海军（2003）总结了拥挤道路收费对出行倾向的影响。陈坚（2012）验证了公交票价对出行倾向具有一定的影响。

2. 知识管理理论

相对于个体选择理论主要考虑外部情境因素对出行倾向的影响，知识管理理论视角主要研究出行个体的内部因素对出行倾向的作用。传统知识管理中的学习能力、知识吸收、知识存量主要对应出行行为研究中对路网状态和路径成本参数等信息的搜集能力、处理能力以及对熟悉路网参数的预测能力等。例如，Van 等（2014）研究发现，社交网络能够影响出行者对出行模式的看法，进而影响出行倾向，而学历作为学习的能力和知识存量的显性测量变量与出行量显著相关。Ory 和 Mokhtarian（2009）研究了出行者学习能力和出行倾向之间的影响，认为通过多次出行提升学习能力和知识存量，能够改善个体出行偏好并引发更多的出行需求。Ettema 等（2005）认为，当广义出行费用提高时（如拥堵），个体将更有动力实践信息搜集和知识吸收等行为，进而增加知识存量并改变出行倾向，也同时提升了出行个体的学习能力。

3. 有限理性理论

近年来，出行行为研究者发现传统经济学中的“理性人”假设只能够处理静态完全信息背景的出行行为决策问题，与不确定路网下的出行行为模拟相去甚远，而基于前景理论和累积前景理论的“有限理性人”模型与实际出行者行为更加契合。有限理性理论下的出行行为研究主要分析了出行者的损失厌恶、参考点依赖和小概率放大等因素对出行行为倾向的影响。例如，Tang 等（2015）认为受有限理性行为因素影响，出行者低碳出行倾向上升，具体表现为降低车速、稳定交通流、减少能耗与污染物排放。Tang 等（2016）研究认为有限理性行为因素将增加出行者对出行成本的预期，进而改变出行行为倾向。徐红利（2011）认为出行者对收益与损失的喜好、风险态度等有限理性因素将直接影响出行者对路径成本效用的判断，并影响出行倾向。韩秀竹（2015）认为有限理性中的参考点依赖是影响出行行为倾向的主要原因之一。

4. 社会心理

另外，还有部分研究从社会心理角度对出行行为倾向的形成及其影响因素进行了研究，认为个体形象、工具属性和道德感受是其中最重要的影响因素。例如，Steg（2005）采用主成分分析等方法将出行模式选择倾向影响因素归纳为个体形象、工具属性和社会规范。Van 等（2014）发现，为了塑造富有、权力等个体形象，出行者倾向选择高碳的私家车出行模式，而社会规范因素则有助于增加出行者的低碳出行倾向，其中个体形象因素与出行者所在城市的经济发展程度显著相关。Lois 等（2019）采用结构方程模型和西班牙私家车驾驶者调查数据测算了个体形象、工具属性和社会规范三种因素对私家车出行倾向的影响力，验证了社会心理因素对出行倾向的影响。杨冉冉和龙如银（2014）将城市居民绿色出行的社会心理影响因素总结为社会规范（群体压力、社会风气和面子因素）、交通工具特性（舒适性、便利性、经济性和安全性）以及出行者心理因素（环境认知、责任感知和行为感知），正好分别对应国外成熟的个体形象、工具属性和社会规范三项分类。

通过对以上文献进行分析，得到城市居民低碳出行倾向影响因素共 24 项。在此基础上，按照以下标准对获取的初始影响因素进行处理：①因素合并，即对出现在不同文献中具有相同或相近含义的影响因素进行合并与统一命名；②因素删减，即对于某些文献中划分过细或与主流文献相违背的影响因素进行删减；③因素筛选，即对于只出现在某一文献而未获得其他相关文献支持的影响因素不予选用。经过文献元分析，共获得 15 项初始因素，包括时间依赖、空间依赖、人物依赖、个体形象、时间关注、主观规范、公交信息存量、公交卡储备、时间敏感、价格敏感、信息获取能力、参考点依赖、损失厌恶、公交偏爱和路径决策柔性。

二、实地调研与访谈

为验证初始因素的有效性，2016 年 3 月至 4 月间，针对 52 位普通城市出行者进行低碳出行倾向影响因素的深度访谈，访谈者部分是来自重庆某大学的教师和在职工程硕士，部分在重庆市南坪、解放碑和观音桥等中央商务区（central business district，CBD）随机抽样获得。为确保数据真实性和有效性，整个访谈过程严格根据访谈提纲和预先设计的问题进行，每次访谈确保访谈时间在半小时左右。52 位受访者中，10 人为重庆高校教师，10 人为在职工程硕士，9 人为重庆市南坪中央商务区样本，10 人为解放碑中央商务区样本，13 人为观音桥中央商务区样本。通过深度访谈，共收集到 17 项选择频次较高的具体影响因素，将其与文献元分析中提取的初始影响因素相比较，发现这 17 项访谈因素能够完全涵盖 15 项文献元分析因素。通过深度访谈发现了两项影响因素——换乘规划能力和需求量柔性并未包含在之前获得的 15 项文献元分析因素集中。因此，将文献元分析获得的 15 项影响因素与深度访谈获得的 2 项影响因素相结合，共获得 17 项城市居民低碳出行倾向影响因素。

第二节　因 子 分 析

一、问卷设计和数据收集

由于本书的研究对象是普通的城市出行者，因此问卷主要于 2016 年 4 月至 5 月在重庆市南坪、解放碑和观音桥等中央商务区随机发放。由于在线问卷将限制问卷的可获得性，可能剔除对信息技术应用不熟练的低学历样本和中老年样本，同时，由于在线问卷的受访者可能集中于调查者的社会关系群体，可能造成调查样本选择的偏见，因此，此次问卷调查主要通过实地发放并现场回收纸质问卷进行。调查开始前对调查员进行了 2 次统一培训，为确保受访者对问卷题项的正确理解，确保调查员在受访者填写问卷前对受访者讲解问卷调查的目的，并随时回答受访者对题项的问题。最终调查问卷包含 27 个题项，其中基本信息共 10 个题项，主体部分共 17 个题项。主体部分题项采用 Likert 5 量表设计，由 1～5 分别表示很不同意、不同意、不确定、同意和非常同意。整个调查共发放问卷 386 份，回收问卷 352 份，剔除填写有误、信息不全和胡乱填写的问卷 26 份，共获得有效问卷 326 份，有效问卷回收率为 84.46%，符合问卷回收率要求。从回收的有效问卷来看，受访者有 43.7%为男性，56.3%为女性；56.5%的受访者拥有私家车，43.5%的受访者没有私家车；26.4%的受访者年龄在 23 岁以下，44.3%的受访者年龄在 24～30 岁，27.6%的受访者年龄在 31～55 岁，1.6%的受访者年龄在 55 岁以上（由于四舍五入，百分数相加之和不为 100%）。

二、信度与效度分析

为确保测量结果的一致性和一贯性，采用 Cronbach's α 系数对问卷信度进行检查，结果表明问卷整体 Cronbach's α 系数为 0.597，表明问卷内部一致性较好，量表具有较高信度。为检验各题项之间的相关性，采用 Kaiser-Meyer-Olkin（KMO）检验和 Bartlett 球形检验对问卷效度进行检验，经计算，KMO 值为 0.706，Bartlett 球形检验的显著性概率为 0.000，卡方（χ^2）值为 436.635，自由度为 136，表示相关系数矩阵不是单位矩阵，可以进行因子分析。

三、探索性因子分析

在前面信度分析和效度分析的基础上，应用主成分法提取因子。采用 Varimax 正交极大旋转法，以特征根大于等于 1 为原则确定提取因子的有效数目，得到 6 项城市居民低碳出行倾向影响因子，其累积方差贡献率为 66.912%，满足主成分分析要求。对 17 项因素进行因子载荷分析，正交旋转后的因子载荷矩阵如表 3-1 所示。

表 3-1　正交旋转后的因子载荷矩阵

影响因素	因子					
	1	2	3	4	5	6
公交信息存量	0.797	−0.021	0.15	−0.055	0.022	−0.162
公交卡储备	0.632	0.247	−0.147	0.104	0.033	−0.1
公交偏爱	0.614	0.269	−0.089	0.075	−0.067	0.004
参考点依赖	0.603	0.02	−0.017	0.224	−0.003	0.173

续表

影响因素	因子					
	1	2	3	4	5	6
时间关注	0.09	0.699	0.337	−0.036	−0.129	−0.055
时间敏感	0.087	0.691	−0.202	0.253	0.036	0.291
需求量柔性	0.317	0.581	−0.173	0.197	0.015	−0.039
空间依赖	−0.009	−0.137	0.754	0.021	−0.065	0.159
时间依赖	−0.12	−0.003	0.667	0.22	0.169	−0.092
人物依赖	0.023	0.346	0.572	−0.033	0.232	−0.02
价格敏感	0.142	0.164	0.005	0.726	0.013	0.105
路径决策柔性	0.147	0.052	0.219	0.609	−0.083	−0.008
个体形象	0.085	0.074	−0.071	0.567	0.116	−0.654
损失厌恶	−0.05	0.08	−0.014	0.151	0.807	0.143
主观规范	0.043	−0.137	0.202	−0.279	0.758	−0.081
信息获取能力	0.339	−0.029	−0.086	0.202	−0.086	0.721
换乘规划能力	−0.035	0.167	0.064	0.243	0.233	0.676

四、验证性因子分析

为了进一步验证六类影响因子的合理性，对获得的数据进行验证性因子分析。经计算，六因子模型各项拟合指数如表 3-2 所示。由表 3-2 可知，六因子模型的 χ^2、df、χ^2/df、近似误差均方根（root mean square error of approximation，RMSEA）、比较拟合指数（comparative fit index，CFI）、拟合优度指数（goodness of fit index，GFI）、增量拟合指数（incremental fit index，IFI）、简约适配指数（parsimony goodness of fit index，PGFI）、简约规范拟合指数（parsimony normed fit index，PNFI）值分别为 134.232、87、1.543、0.047、0.92、0.941、0.926、0.535 和 0.521，均达到拟合标准，说明六因子模型符合拟合度与简约度要求。

表 3-2 模型适配度检验结果

评价指标	χ^2	df	χ^2/df	RMSEA	CFI	GFI	IFI	PGFI	PNFI
标准值	—	—	1~2	<0.05	>0.9	>0.9	>0.9	>0.5	>0.5
实际值	134.232	87	1.543	0.047	0.92	0.941	0.926	0.535	0.521

城市居民低碳出行倾向影响因子标准化路径系数如图 3-1 所示。由图 3-1 可知，17 个因素在 6 个维度上的标准化因子载荷最小值为 0.577、最大值为 0.892，所有载荷值均介于 0.50 至 0.95 之间，表明模型拟合程度较高，路径关系显著，在统计学上具有显著性。这进一步说明了城市居民低碳出行倾向影响因素的结构效度得到了较好的数据支持。

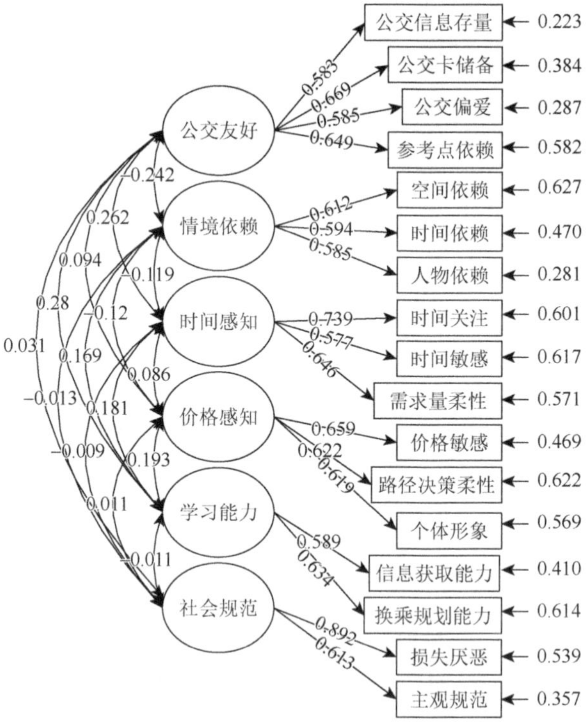

图 3-1 城市居民低碳出行倾向影响因素标准化路径图

第三节 结果与讨论

通过探索性因子分析与验证性因子分析，本章归纳并提取了影响城市居民低碳出行倾向的六类因素，分别为公交友好、情境依赖、时间感知、价格感知、学习能力和社会规范。对各影响因素具体分析如下。

1. 公交友好

公交友好因子包含公交信息存量、公交卡储备、公交偏爱、参考点依赖等因素，它描述了城市居民对公交出行信息的掌握、随身携带公交卡的情况、对公交出行的偏爱程度以及对出行时间约束的了解。城市居民出行模式决定了其出行的碳强度，由于私家车出行和公交出行具有可替代性，更多的公交出行量直接意味着更少的私家车出行量以及更少的碳排放量。因此，城市居民对公交出行的态度能够显著影响其低碳出行倾向。因此，城市居民对公交出行的态度越友好，其乘坐公交出行的倾向和低碳出行的倾向就越强烈。

2. 情境依赖

情境依赖包含空间依赖、时间依赖和人物依赖等因素，它描述了出行者决策的空间、时间和人物黏性。在拥有私家车后，出行者往往首选私家车出行。要引导此私家车拥有者转向低碳公交出行，就需要引导此类出行者放弃他们首选的私家车出行模式，改选公交出行模式。而情境依赖程度较低的出行者模式决策柔性更大，更容易转向公交出行等低碳出行模式。

3. 时间感知

时间感知因子包含时间关注、时间敏感和需求量柔性等因素，它描述了出行者对出行时间的关注程度、由于出行时间延迟改变出行行为决策的倾向以及出行者出行需求削减的难易程度。出行者对时间的感知能够体现其对出行时间的重视程度，以及由于出行时间变化导致出行决策更改的难易程度。重视时间的出行者在出行前进行详细路径规划、出行中更改出行决策以及削减出行需求的倾向更显著。由于道路拥堵时轨道交通出行的准时性更高和出行时间更短，因此在早晚高峰时段，时间感知较强的出行者更倾向选择轨道交通出行或者公交优先政策下的公交出行，相对于私家车出行者碳排放更少。但是在非拥堵时段和路段，由于私家车出行时间小于轨道交通出行和公交出行时间，此类出行者更倾向选择碳排放较高的私家车出行。

4. 价格感知

价格感知因子包含价格敏感、路径决策柔性和个体形象等因素，它描述了出行者由于价格因素选择公交出行的倾向、由于价格因素更改路径决策的倾向以及认为私家车出行对个人形象的正面影响程度。根据 Van 等（2014）对亚洲六大城市的实证研究，发展中国家人群和较少驾驶私家车的人群通常选择公交低碳出行，但更加赞同私家车出行可以塑造“有能力”“富裕”的正面个人形象。因此，个体形象因素与出行者的价格感知负相关。政府能够通过征收出行费和降低公交票价促进价格感知因子较强的出行者选择公交出行，以降低城市交通碳排放。

5. 学习能力

学习能力因子包含信息获取能力和换乘规划能力等因素，它描述了出行者对于出行信息的获取能力和出行换乘的规划能力。由于换乘是阻碍出行者选择公交出行的重要因素之一，较强的路段信息的搜集、处理、分析和预测等能力能够显著降低换乘难度，促进出行者选择换乘出行。具有较强学习能力的出行者，一方面，可以通过规划合理的换乘路线减少出行时间、节约出行花费、提高出行的舒适度、安全性和准时性等；另一方面，也更容易接受停车换乘等出行方式。个体通过提高学习能力减少换乘次数，能够在最大限度地满足出行者需求的基础上，增加单次出行公交模式的比例，降低出行碳排放。

6. 社会规范

社会规范因子包含损失厌恶和主观规范等因素，它描述了相对于准点到达的收益，出行者对迟到等损失更加厌恶的程度，以及出行者对爱护环境、遵守规则和利他主义等社会规范和他人评价的重视程度。由于社会规范因子得分较高的出行者更加重视其行为对环境、社会和他人的影响，以及得到的社会评价，因此社会规范感较强的出行者低碳出行倾向更加强烈。

本章小结

本章结合行为经济学、消费者选择理论以及有限理性理论对城市居民低碳出行倾向影响因素进行了研究。采用探索性因子分析与验证性因子分析相结合的方法，归纳与总结了城市居民低碳出行倾向的六类影响因素。本章能够为城市管理者开展低碳交通治理提供一定的信息支持。但本章并没有测算各因素对城市居民低碳出行行为的影响程度，这将是未来进一步研究的主要内容。同时，由于数据样本所限，本章所建立模型的普适性有待进一步验证。

第四章　外生政策对个体低碳出行决策的影响分析

为提升城市低碳交通体系治理效果，有必要研究引导政策对个体低碳出行倾向的形成与固化的作用机理。本书结合行为经济学、社会心理学和出行行为分析，研究外生政策、学习能力、有限理性和情境依赖等因素对个体低碳出行倾向的影响。研究结果表明：适当的外生政策能够促进城市个体低碳出行倾向的形成与固化；学习能力和有限理性在外生政策与低碳出行倾向之间产生中介效应；情境依赖能够有效调节学习能力的中介效应，即中、低度情境依赖下，学习能力的中介效应显著，高情境依赖下，学习能力的中介效应不显著。

城市交通出行政策设计和实际出行决策之间不匹配：由于城市交通出行政策设计往往将出行个体视为“完全理性”模块，仅关注效用函数的参数，忽视了异质出行者效用函数本身的结构差异，使城市交通治理政策设计的初衷难以实现，造成城市交通治理政策效力低下。但是，随着行为经济学、心理学与出行行为决策研究的进一步融合，心理因素对出行决策形成的重要影响得到广泛认可。尤其是当出行者进行模式和路径选择时，他们不愿更改熟悉的环境，不同出行目的下对迟到风险的认知也存在差异。同时，出行者对信息的搜集、内化也会影响其择路行为。在考虑心理因素后，出行者的决策与传统效用最大决策单元显著不同，有时甚至互相矛盾。因此，近年来理论界开始将情境依赖、学习能力和社会规范等个人特征以及有限理性等心理因素引入出行行为的研究中，并逐渐形成了基于异质出行者和有限理性的出行行为分析。其中，有限理性、情境依赖和学习能力成为研究重点。同时，外生政策对出行行为的改善不仅得到了学界的广泛认同，也在现实中存在广泛应用。

之前大量文献分别研究了有限理性、情境依赖和学习能力等内在心理行为因素与外生政策对出行行为短期决策及其长期倾向形成的影响，但仍存在以下问题：①研究视角分别关注有限理性、情境依赖和学习能力与外生政策中的 1～2 个因素，综合性的多因素出行行为决策分析较少；②关于外生政策对短期出行决策影响的研究较多，而对长期出行倾向形成的研究比较罕见；③国外关于外生政策接受度的研究，通常关注政策的投票通过率的影响因素，却忽视了外生政策对个体出行倾向的影响机理分析，假设政策均能达到其设计效果，与现实不符。针对这些问题，本章将同时考虑外生政策与有限理性、情境依赖和学习能力等内在心理行为因素，构建外生政策对个体低碳出行决策影响机理的逻辑模型并进行关键参数标定，综合分析以上因素之间的相互作用与影响机理，刻画由外生政策到内在心理行为因素，再到低碳出行倾向形成与固化的发展路径。

第一节 模 型 构 建

一、外生政策与低碳出行倾向

在交通政策设计与分析领域，常见的外生政策主要从价格、时间和信息角度对出行个体的决策产生引导与刺激。根据计划行为理论，态度影响行为倾向，而行为倾向改变行为。出行倾向有助于塑造出行偏好，进而形成长期稳定的出行决策模式。外生政策主要通过改善行为倾向而间接引导出行行为。

因此，本书认为，外生政策能够显著促进出行者低碳出行倾向的形成与固化，表现为出行量削减、选择公交等低碳模式出行、停车换乘和避堵绕行等。基于此，提出模型假设 1。

假设 1：外生政策对出行者低碳出行倾向的形成与固化有显著正向影响。

二、学习能力与有限理性的中介效应

个体学习能力主要分为搜集信息、处理信息、获取信息和输出知识的能力，它对短期决策制定和长期行为倾向形成具有显著影响。学习能力对出行倾向形成和出行行为改善具有促进作用。而外生政策能够影响出行者信息搜集与获取等学习能力，进而改善出行决策与倾向。

因此，本书认为，外生政策能够通过学习能力作用于低碳出行行为倾向的形成和固化。基于此，提出模型假设 2 和假设 3。

假设 2：适宜的外生政策背景下，较强的学习能力有助于个体低碳出行倾向的形成与固化。

假设 3： 学习能力在外生政策对低碳出行倾向的影响中起中介效应。

与简单依赖路径参数和固定结构的效用函数值不同，研究证实参考点依赖、损失厌恶和小概率放大化等有限理性特质对个体出行行为短期决策和长期倾向的形成具有显著影响。

因此，本书认为，外生政策能够分别通过学习能力和有限理性特质作用于低碳出行行为倾向的形成和固化。基于此，提出模型假设 4 和假设 5。

假设 4： 适宜的外生政策背景下，行为人的有限理性特质有助于个体低碳出行倾向的形成与固化。

假设 5： 有限理性在外生政策对低碳出行倾向的影响中起中介效应。

三、情境依赖对学习能力和低碳出行倾向的调节

情境依赖描述了外部情境差异对个体行为决策的影响。基于行为心理学活动索引模型，出行决策相关研究通常从网络状态、出行距离、出行时间、出行费用、出行目的和信息介入度等 6 个维度对出行决策展开情境分析。虽然外部情境对于个体行为决策存在显著影响，却无法直接作用于短期决策制定和长期倾向形成，必须经由个体学习对外部情境参数进行信息搜集、吸收、处理、存储，将外部情境转化为内部知识才能够最终作用于个体行为决策。因此，个体情境依赖对出行行为决策的影响体现于其对个体学习能力与出行倾向的调节作用。适当的外部情境有助于诱发个体学习行为，并经由个体学习，改善出行短期决策，形成长期出行倾向。

因此，本书认为情境依赖使得相同学习能力的出行者在不同外部情境下表现出具有差异的出行倾向。适宜的外部情境（如拥堵、中长距离、宽松时间窗、补贴、非通勤出行以及精细化信息等）更有助于诱发个体学习行为，改善出行决策。基于此，提出以下假设。

假设 6： 学习能力对外生政策与低碳出行倾向之间关系的中介效应受情境依赖因素的调节。

四、逻辑模型构建

综合以上假设，提出本书的综合逻辑模型（图 4-1）。其中，外生政策能够影

响低碳出行倾向，学习能力和有限理性分别对外生政策与低碳出行倾向的关系表现出中介效应，而学习能力对外生政策与低碳出行倾向之间关系的中介效应受情境依赖因素的调节。图 4-1 中 H1～H6 分别表示假设 1～假设 6。

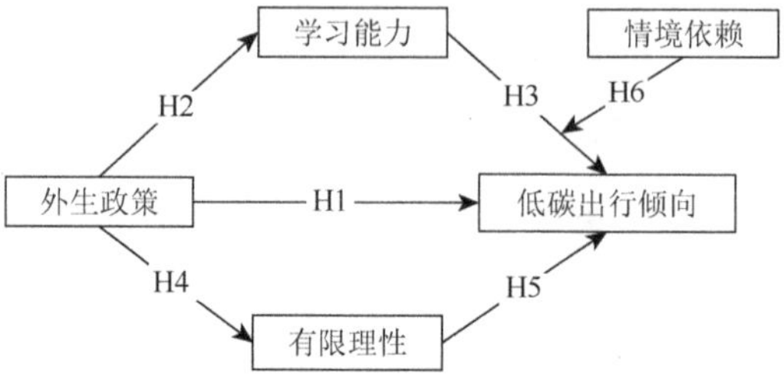

图 4-1 综合逻辑模型

第二节 研究数据与方法

一、研究样本与数据

采用问卷调查获取数据。数据来源已在第三章第二节说明，本节不再赘述。

二、研究工具

采用 Process for SPSS 和 Mplus 7.4 软件对数据进行分析。在量表设计方面，为确保信度和效度，参考相关研究，在双向翻译后，多次对同行业专家和三个月内曾有出行倾向转换的出行者进行深度访谈，完成量表初订与修正，并通过 2 次小范围调查与访谈对初始量表再次修正，形成正式量表与问卷。因此，本书量表具有较高的内容效度。正式问卷主体部分包含情境依赖、学习能力、外生政策、有限理性和低碳出行倾向等 5 部分 27 个题项，其中，主体部分 17 个题项，基本信息 10 个题项。问卷主体中，情境依赖部分包含时间依赖、空间依赖、人物依赖和意图依赖 4 个维度，共 4 题；学习能力部分包括主观态度、主观规则、行为控制和行为意图 4 个维度，共 4 题；外生政策部分包含公交优先、价格调整和信息引导 3 个维度，共 3 题；有限理性部分包含参考点依赖和风险态度 2 个维度，共 2 题；低碳出行倾向部分包含出行取消、公交出行、停车换乘和避堵绕行 4 个维度，共 4 题。问卷主体题项采用 Likert 5 量表设计。

三、数据检验

采用 Cronbach's α、KMO 和 Bartlett 球形检验对量表信度和效度进行检验。Cronbach's α 系数为 0.758，表明问卷内部一致性较好，量表具有较高信度。KMO 值为 0.713，Bartlett 球形检验的显著性概率为 0.000。所有题项的 Cronbach's α 值与 KMO 值均大于 0.600，最小因子载荷为 0.645，最小累积方差贡献率达 58.535%。表明量表具有较高的一致性和一贯性，比较稳定。量表平均提取方差（average variance extracted，AVE）值均高于 0.5，其平方根均高于任意两个变量之间的相关系数，表明量表效度达到分析标准（表 4-1）。

表 4-1　变量描述性统计与相关系数

变量	均值	标准差	KMO	Cronbach's α	最小因子载荷	累积方差贡献率/%	情境依赖	学习能力	外生政策	有限理性	低碳出行倾向
情境依赖	6.1303	1.11616	0.676	0.701	0.687	64.611	**0.6478**				
学习能力	7.1667	1.10694	0.628	0.654	0.719	58.535	0.296	**0.7062**			
外生政策	7.5926	1.28793	0.642	0.633	0.724	63.290	0.243	0.508**	**0.5559**		
有限理性	8.2308	1.10313	0.700	0.642	0.645	61.467	0.236	0.594**	0.548**	**0.6450**	
低碳出行倾向	7.3152	1.26240	0.680	0.721	0.853	67.711	0.413**	0.527**	0.440**	0.508**	**0.5403**

**为 $p < 0.010$，对角线数据（加粗）为 AVE 的平方根

四、模型检验方法

相关研究主要采用 Bootstrap 法对中介效应、调节效应及其混合效应进行检测，该方法对检验统计的分布不做要求，因此具有更加广泛的适用性，也具有更强的检验力。因此，本书结合 Process for SPSS 和 Mplus 7.4 软件，采用 Bootstrap 法分别对样本进行 5000 次有放回的重复采样。

第三节　模型检验与参数标定

一、中介效应检验结果

表 4-2 展示了学习能力和有限理性两个中介变量的检验结果。检验由三个子模型组成：子模型 1 检验学习能力对外生政策与低碳出行倾向影响的中介效应；子模型 2 检验有限理性对外生政策与低碳出行倾向影响的中介效应；子模型 3 作为综合模型，检验学习能力和有限理性同时作用时对外生政策与低碳出行倾向影响的双中介效应。子模型 1～子模型 3 中，中介效应均采用两阶段检验，第一阶段检验中介效应不存在时，外生政策对低碳出行倾向的直接影响，第二阶段检验中介效应存在时的情况。子模型 1～子模型 3 中，外生政策对低碳出行倾向的直接影响分别为 0.2589、0.2593 和 0.2216，且全部达到 $p<0.001$ 的显著性水平。H1 得到验证。

表 4-2　中介效应的 Bootstrap 检验结果

项目		子模型 1：学习能力的中介效应		子模型 2：有限理性的中介效应		子模型 3：双中介效应		
		第一阶段：学习能力	第二阶段：低碳出行倾向	第一阶段：有限理性	第二阶段：低碳出行倾向	第一阶段：		第二阶段：低碳出行倾向
						学习能力	有限理性	
外生政策		0.2645^{***}	0.2589^{***}	0.2984^{***}	0.2593^{***}	0.2645^{***}	0.2984^{***}	0.2216^{***}
学习能力			0.2802^{***}					0.2255^{*}
有限理性					0.2472^{***}			0.1734^{*}
直接效应		0.2589（0.1373，0.3806）		0.2593（0.1348，0.3838）		0.2216（0.0968，0.3465）		
间接效应	学习能力	0.0741（0190，0.1558）				0.0596（0.0068，0.1380）		
	有限理性			0.0738（0.0270，0.1398）		0.0517（0.0045，0.1108）		
	总间接效应	0.0741（0190，0.1558）		0.0738（0.0270，0.1398）		0.1114（0.0453，0.3465）		

*为 $p<0.05$，***为 $p<0.001$

子模型 1 检验学习能力对外生政策与低碳出行倾向影响的中介效应，子模型 3 检验学习能力和有限理性同时作用时对外生政策与低碳出行倾向影响的双中介效应。子模型 1 和子模型 3 中，第一阶段外生政策对学习能力的影响具有较高的显著性，均为 0.2645，$p<0.001$，说明外生政策对出行者学习能力具有显著的影响，且该影响与外生政策对有限理性因素的影响相互独立。H2 得到验证。第二阶段，学习能力对低碳出行倾向的影响同样显著，其中，子模型 1 的影响系数为 0.2802，$p<0.001$，子模型 3 的影响系数为 0.2255，$p<0.05$，说明出行者学习能力对其低碳出行倾向的形成与固化具有显著的影响。H3 得到验证。由于 H1、H2 和 H3 同时成立，证明学习能力是外生政策与低碳出行倾向间的中介变量。

子模型 2 检验有限理性对外生政策与低碳出行倾向影响的中介效应，子模型 3 检验学习能力和有限理性同时作用时对外生政策与低碳出行倾向影响的双中介效应。子模型 2 和子模型 3 中，第一阶段外生政策对有限理性的影响具有较高显著性，均为 0.2984，$p<0.001$，说明外生政策对出行者有限理性具有显著影响，且该影响与外生政策对学习能力因素的影响相互独立。H4 得到验证。第二阶段，有限理性对低碳出行倾向的影响同样显著，其中，子模型 2 的影响系数为 0.2472，$p<0.001$，子模型 3 的影响系数为 0.1734，$p<0.05$，说明出行者有限理性同样对其低碳出行倾向的形成与固化具有显著的影响。H5 得到验证。由于 H1、H4 和 H5 同时成立，有限理性对外生政策与低碳出行倾向影响的中介效应得到验证。同时，子模型 1 中，直接效应为 0.2589，间接效应为 0.0741，子模型 2 中，直接效应为 0.2593，间接效应为 0.0738，子模型 3 中，直接效应为 0.2216，学习能力的间接效应为 0.0596，有限理性的间接效应为 0.0517，总间接效应为 0.1114，达到直接效应的 50.27%。可见，学习能力和有限理性的中介效应非常显著，其对出行者低碳出行倾向的影响也较大，达到了外生政策直接影响的 50.27%。

依据模型检验结果，对学习能力和有限理性的中介效应进行描述，如图 4-2 所示（*的含义同表 4-2）。

二、被调节的中介效应检验结果

被调节的中介变量是指，自变量与因变量之间的中介效应受到了调节变量的

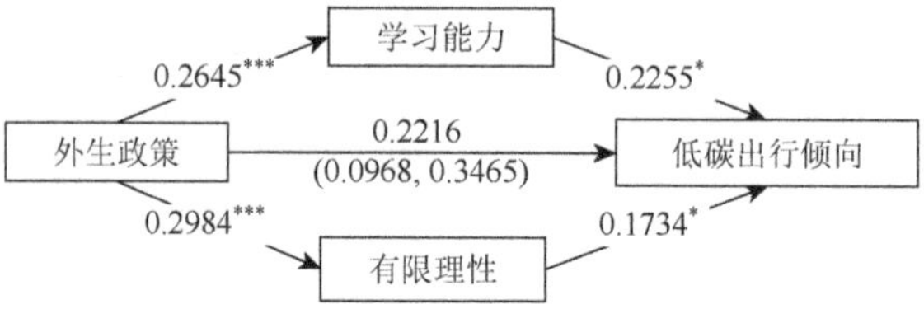

图 4-2　学习能力与有限理性的中介效应

影响。当调节变量取值存在较大差异时，如果中介效应（而非直接效应）随之发生变化，则存在被调节的中介效应。本书采用心理学研究广泛认可的 Edwards 层次回归检验法对情境依赖的调节作用进行检验。在对调节变量进行差异化取值时，相关研究常用均值的±1 个标准差作为调节变量的较高和较低取值，检验不同取值下中介效应的差异，若差异的 95%置信区间中不含 0，则认为被调节的中介效应显著。

如表 4-3 所示，情境依赖能够调节学习能力在外生政策与低碳出行倾向之间的中介效应。由于高情境依赖下，学习能力间接效应的 95%置信区间为[–0.0346，0.1148]，包含 0，该影响不显著。除此之外，所有检验系数均显著。具体而言，中情境依赖下，学习能力间接效应的 95%置信区间为[0.0254，0.1546]，不包含 0，效应量系数为 0.0777，作用显著。低情境依赖下，学习能力间接效应的 95%置信区间为[0.0413，0.2329]，不包含 0，效应量系数为 0.1226，作用显著。外生政策对低碳出行倾向直接效应具有显著的影响，其 95%置信区间为[0.1469，0.3833]，不包含 0，效应量系数为 0.2651。在情境依赖的调节下，学习能力的中介效应显著，95%置信区间为[–0.1085，–0.0037]，效应量系数为–0.0403。H6 得到验证。情境依赖对学习能力的中介效应存在调节作用。

表 4-3　调节效应的 Bootstrap 检验结果

子模型 4：情境依赖对学习能力中介效应的调节					
项目		效应量系数	标准误	置信区间下限（lower level of confidence interval，LLCI）	置信区间上限（upper level of confidence interval，ULCI）
直接效应		0.2651	0.0600	0.1469	0.3833
间接效应	低情境依赖（–1.1161）	0.1226	0.0494	0.0413	0.2329

续表

子模型 4：情境依赖对学习能力中介效应的调节					
项目		效应量系数	标准误	置信区间下限（lower level of confidence interval，LLCI）	置信区间上限（upper level of confidence interval，ULCI）
间接效应	中情境依赖（0.0000）	0.0777	0.0330	0.0254	0.1546
	高情境依赖（1.1162）	0.0327	0.0376	−0.0346	0.1148
学习能力的中介效应		−0.0403	0.0259	−0.1085	−0.0037

为直观展示情境依赖对学习能力中介效应的调节作用，将各因素中心化后，分别取均值上下浮动一个标准差作为高情境依赖和低情境依赖群体，描绘不同学习能力和情境依赖背景下个体低碳出行倾向的差异（图 4-3）。由图 4-3 可知，高情境依赖时，出行者学习能力对低碳出行倾向的影响较强，但不同学习能力的出行者低碳出行倾向差别较小。低情境依赖时，出行者学习能力对低碳出行倾向的影响较弱，但不同学习能力的出行者低碳出行倾向差别较大，学习能力较强的出行者表现出较高的低碳出行倾向。

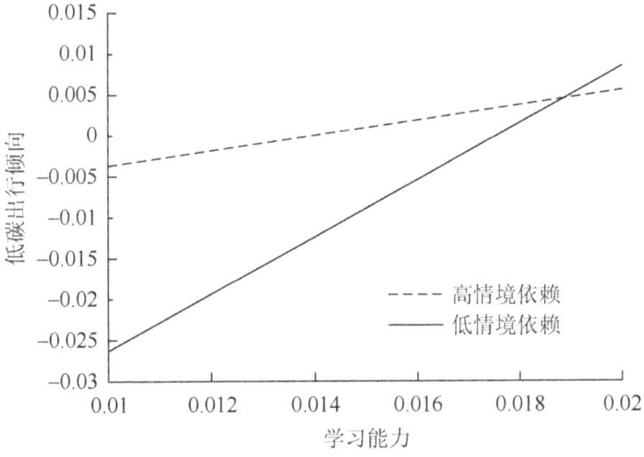

图 4-3　学习能力和情境依赖对低碳出行倾向的调节

本 章 小 结

本章首先从个体出行行为决策视角出发，梳理了出行决策的形成和演化过程。

在此基础上，探讨了情境依赖和学习能力对个体出行决策的影响作用与机理，分析了外生政策分别在情境依赖下对出行决策的影响、学习能力对出行决策的影响和情境依赖对学习能力影响的调节作用，并在相关研究评述和影响机理分析的基础上分别提出了 6 个相关研究命题，构建了个体出行决策影响机理逻辑模型。其次，结合行为经济学、消费者选择理论以及有限理性理论对城市居民低碳出行倾向影响因素进行了研究。采用探索性因子分析与验证性因子分析相结合的方法，归纳与总结了城市居民低碳出行倾向的六类影响因素。最后，采用心理学研究常用的假设检验方法，对模型的重要参数进行了标定。研究表明，外生政策能够通过学习能力和有限理性促进个体低碳出行倾向的形成与固化，而情境依赖能够对学习能力的中介效应产生调节作用。不过，高情境依赖时，学习能力的中介效应不显著，但中、低情境依赖时，学习能力的中介效应非常显著。本章的研究有助于理解个体交通行为决策过程，提炼个体交通行为决策关键影响因素，为后续进一步的个体交通行为建模和仿真提供理论依据。

第五章　考虑随机路网能力退化的连续双参考点用户均衡模型

为研究累积前景理论下随机路网能力退化下限对交通网络均衡的影响，本书构建了考虑随机路网能力退化的连续双参考点用户均衡模型，并证明了解的存在性，设计了求解算法。模型将随机交通网络均衡中的客观不确定性归因为随机路网能力退化下限和设计能力上限，将主观不确定性归因为用户风险态度，并由此内生出行路径期望、方差、最佳到达时间参考点、最早到达时间参考点、累积到达时间价值和网络均衡流量等重要参数。最后通过算例分析了路网能力退化下限对用户和整个交通网络均衡的影响。

不确定背景下的出行择路和网络均衡是城市交通路网规划、政策设计和可靠性分析的基础。但是，出行个体的有限理性限制了基于传统期望效用理论的网络均衡模型的现实有效性，基于前景理论和累积前景理论的出行行为建模应运而生，成为近年来国内外交通行为建模仿真领域的热点。这些研究都将出行者视为有限理性的个体，并将最短路径期望到达时间视为参考点，当到达时间点位于参考点与工作开始时间之间时，出行者获得正效用。当到达时间点早于参考点或晚于工作开始时间时，出行者获得负效用。然而，出行行为研究者发现，用户并不将最短路径到达时间期望参考点作为正负效用的分界点。大部分研究认同，两个参考点就可以精确描述出行决策行为：一个是最优到达时间参考点，另一个是最早正效用达到时间参考点。当到达时间早于最早参考点或晚于工作开始时间时，效用为负。当到达时间位于最早参考点和工作开始时间之间时，效用为正。当到达时间越接近最优参考点时，用户获得的正效用越大。

这些文献主要是在累积前景理论和双参考点出行行为建模的基础上，对城市随机交通网络均衡、规划和管理进行了研究，但仍存在以下问题：①构造网络均衡模型时，将交通网络的不确定性简单假设为出行时间正态分布，没有深入讨论路网能力退化造成的不确定性；②少量关于路网能力退化的网络均衡研究仅基于期望效用理论或单参考点前景理论；③若干关于双参考点网络均衡的研究中，没有分析连续的随机路径时间，仅选择某几个值展开来对比分析。针对这些问题，本书采用连续随机路网通行能力和连续路网能力退化下限，构造基于累积前景理论的双参考点用户均衡模型，证明模型解的存在性并设计相应算法。在标定重要参数时，对连续路网能力退化下限和路段设计能力上限的取值范围进行测试，以获取合理的参数值。模型将城市路网均衡的不确定性分析深入到客观天气、事故等导致的路网能力退化，以及主观的用户风险态度中，可以更加精确地对不确定环境下城市交通网络均衡性进行描述。

第一节　模型构建

一、随机路网能力退化与连续双参考点

路段通行时间基于 BPR 的路段通行时间模型为

$$t_a = t_a^0\left[1+\lambda\left(\frac{x_a}{C_a}\right)^{\beta}\right] \tag{5-1}$$

式中，t_a^0 为零流时间；t_a 和 x_a 分别为路段 a 的随机出行时间和即时流量；λ 和 β 为外生参数；C_a 为路段设计能力，服从 $[\theta_a\overline{C_a},\overline{C_a}]$ 间的均匀分布，$\overline{C_a}$ 为路段设计能力上限，θ_a 为路网能力保有系数，θ_a 与 $\overline{C_a}$ 的乘积为路段通行能力退化下限。假设所有路段退化程度相似时，有 $\theta_a=\theta, a\in A$，A 表示路段集合。理论上 $\theta\in[0,1]$。路段通行能力的随机退化是路段通行时间客观随机性的来源之一。

由此可得路段通行时间的期望和方差分别为

$$E(t_a) = t_a^0 + \lambda t_a^0 E\left[\left(\frac{x_a}{C_a}\right)^{\beta}\right] = t_a^0 + \lambda t_a^0 x_a^{\beta}\frac{1-\theta_a^{1-\beta}}{\overline{C_a}^{\beta}(1-\theta_a)(1-\beta)} \tag{5-2}$$

$$\begin{aligned}\mathrm{Var}(t_a) &= \mathrm{Var}(t_a^0) + \lambda^2 (t_a^0)^2 \mathrm{Var}\left[\left(\frac{x_a}{C_a}\right)^{\beta}\right]\\ &= \lambda^2 (t_a^0)^2 x_a^{2\beta}\left\{\frac{1-\theta_a^{1-2\beta}}{\overline{C_a}^{2\beta}(1-\theta_a)(1-2\beta)} - \left[\frac{1-\theta_a^{1-\beta}}{\overline{C_a}^{\beta}(1-\theta_a)(1-\beta)}\right]^2\right\}\end{aligned} \tag{5-3}$$

假设路段通行时间相互独立，则起讫点（origin destination，OD）对 r 之间路径 k 的时间可以表述为

$$t_k^r = \sum_a t_a \delta_{a,k}^r, \quad \forall r \in R, k \in K_r \tag{5-4}$$

式中，$\delta_{a,k}^r$ 为 OD 对 r 之间的路段/路径关联系数。

由于各路段通行时间分布符合林德伯格–费勒中心极限定理（Lindeberg-Feller central limit theorem），路径时间分布可表示为

$$t_k^r \sim N(E(t_k^r), \mathrm{Var}(t_k^r)) \tag{5-5}$$

$$E(t_k^r) = \sum_a \delta_{a,k}^r \left[t_a^0 + \lambda t_a^0 x_a^\beta \frac{1-\theta_a^{1-\beta}}{\overline{C_a}^\beta (1-\theta_a)(1-\beta)} \right] \tag{5-6}$$

$$\mathrm{Var}(t_k^r) = \sum_a \delta_{a,k}^r \lambda^2 (t_a^0)^2 x_a^{2\beta} \left\{ \frac{1-\theta_a^{1-2\beta}}{\overline{C_a}^{2\beta}(1-\theta_a)(1-2\beta)} - \left[\frac{1-\theta_a^{1-\beta}}{\overline{C_a}^\beta (1-\theta_a)(1-\beta)} \right]^2 \right\} \tag{5-7}$$

二、基于连续随机风险偏好的参考点取值

路段随机退化导致路径时间也存在随机性，用户为保证到达时间的可靠性，在工作开始时间点 $\overline{T}$ 之前设置 1 个最佳到达时间点 T^*，则风险控制预留时间 $\Delta t = \overline{T} - T^*$。当实际到达时间点 $t > \overline{T}$ 时，产生迟到损失。当 $T^* < t \leqslant \overline{T}$ 时，产生晚到收益。当 $t \leqslant T^*$ 时，用户早到，存在 1 个可接受的最早时间点 $\underline{T}$，当 $\underline{T} < t \leqslant T^*$ 时，产生早到收益；当 $t \leqslant \underline{T}$ 时，实际到达时间比 $\overline{T}$ 过早，产生早到损失。由此可将用户到达时间域划分为 Ⅰ、Ⅱ、Ⅲ和Ⅳ共 4 个区域：$[T_d, \underline{T})$、$[\underline{T}, T^*)$、$[T^*, \overline{T})$ 和 $[\overline{T}, +\infty)$。其中，T_d 为出发时间点。

令

$$T^* - \underline{T} = \gamma(\overline{T} - T^*) \tag{5-8}$$

因此，有

$$\underline{T} = (1+\gamma)T^* - \gamma\overline{T} \tag{5-9}$$

式中，$T^* - \underline{T}$ 为早到收益区（该区域存在上限，经调研，出勤早到收益区应小于 30min）；$\overline{T} - T^*$ 为晚到收益区；$\gamma = \dfrac{T^* - \underline{T}}{\overline{T} - T^*}$ 是早到收益区长度与晚到收益区长度的比值，根据相关研究，认为 $\gamma > 1$，即通勤者早到收益区比晚到收益区更长。同时，由于现实中早到收益区间存在上限，本书假设早到收益区间上限为出发时间至工作开始时间段长度的 20%。

由于$\underline{T}$可以表示为T^*和$\overline{T}$的函数，出行效用函数可归结为双参考点函数。其中，工作开始的硬约束时间点$\overline{T}$为外生参考点，而最佳到达时间点T^*为内生参考点，主要依赖于用户风险倾向。当用户在 OD 对 r 之间出行时，若其要求不迟到的最低概率为σ^r，则 OD 对 r 之间路径 k 的最佳到达时间参考点为

$$T_k^{r*} = \min\{T_k^{r*} \mid P[t_k^r \leqslant (T_k^{r*} - T_d^r)] \geqslant \sigma^r\} \tag{5-10}$$

式中，T_d^r 为 OD 对 r 的出发时间，因此有

$$T_k^{r*} = \sqrt{\mathrm{Var}(t_k^r)}\Theta(\sigma^r) + E(t_k^r) + T_d^r \tag{5-11}$$

式中，$\sqrt{\mathrm{Var}(t_k^r)}$ 为路径时间标准差［式（5-7）］；$\Theta(\cdot)$ 为标准正态分布累积概率密度函数的反函数；$E(t_k^r)$ 为路径时间期望［式（5-6）］。加上出发时间节点T_d^r后，该时间段转化为一定风险态度下最佳到达时间点。

式（5-11）表示路径时间长度在正态分布下累积概率密度函数的反函数。

三、连续双参考点累积到达时间感知价值

根据累积前景价值（cumulative prospect value，CPV）交通行为理论，单一时间准则下，累积到达时间感知价值$V_{\mathrm{ATP}}^{r,k}$最大化为择路规则。基于前面所述 4 个到达时区的划分，将用户累积到达时间感知价值$V_{\mathrm{ATP}}^{r,k}$描述为

$$V_{\mathrm{ATP}}^{r,k} = \sum_{i=1}^{4} V_i^{r,k}$$

$$V_i^{r,k} = \int_{\underline{i}}^{\overline{i}} \pi_i g_i(t)\mathrm{d}t$$

式中，i 为到达时间区域类别，分别对应Ⅰ、Ⅱ、Ⅲ、Ⅳ类；π_i 为时区 i 的决策权重；$g_i(t)$ 为时区 i 的价值函数；$\underline{i}$ 和 $\overline{i}$ 分别为 4 个时间区域的下界和上界。

当出行时间落在Ⅰ和Ⅳ区时，用户价值函数取负，表示用户因为过早到达和迟到而不满；当出行时间落在Ⅱ和Ⅲ区时，用户价值函数取正，表示用户对出行时间满意，获得了正效用。对 4 个时区的价值函数进行定义，即

$$g_i(t) = \begin{cases} \tau_i(\underline{T} - t)^{a_i}, & T_d \leqslant t \leqslant \underline{T},\ i = 1 \\ \tau_i(\underline{T} - t)^{a_i}, & \underline{T} < t \leqslant T^*,\ i = 2 \\ \tau_i(t - \overline{T})^{a_i}, & T^* < t \leqslant \overline{T},\ i = 3 \\ \tau_i(t - \overline{T})^{a_i}, & t > \overline{T},\ i = 4 \end{cases} \tag{5-12}$$

式中，T_d 为出发时间点；a_i 刻画时区价值函数的扁平程度，$a_i \in (0,1)$，可保证价

值函数为正时是凹函数，价值函数为负时是凸函数；τ_i 为不同用户对获得或损失的偏好，$\tau_4 < \tau_1 < 0 < \tau_2 < \tau_3$，表示在Ⅰ、Ⅳ两区中时间价值函数表现为损失，且等长度时间段的迟到损失大于早到损失。在Ⅱ、Ⅲ两区中时间价值函数表现为收益，且针对最佳到达时间参考点而言，等长度时间段的晚到收益大于早到收益。同时，由于针对同一参考点，用户对损失的敏感程度大于收益，因此有 $-\tau_1 > \tau_2, -\tau_4 > \tau_3$。

根据累积前景理论，当事件发生的客观实际概率为 φ 时，4 个时区的主观感知概率分别为

$$\omega_i(\varphi) = \exp[-(-\ln\varphi)^{\vartheta_i}],\ i = 1,2,3,4,\ \vartheta_i \in (0,1) \tag{5-13}$$

式中，ϑ_i 决定主观感知概率函数的曲率，表示决策者对于损益区间的不同感知状况。

根据行为经济学理论，人通常会高估小概率事件发生的可能性。由此可获得到达时间 t_j 落在区间 i 时的决策权重：

$$\pi_j = \begin{cases} \omega\left(\sum\limits_{k=i}^{n}\varphi_k\right) - \omega\left(\sum\limits_{k=i+1}^{n}\varphi_k\right), & 0 \leqslant j < n,\ \pi_n = \omega(\varphi_n) \\ \omega\left(\sum\limits_{k=-m}^{j}\varphi_k\right) - \omega\left(\sum\limits_{k=-m}^{j-1}\varphi_k\right), & -m < j < 0,\ \pi_{-m} = \omega(\varphi_{-m}) \end{cases} \tag{5-14}$$

在到达时间连续随机分布时，令 $F(t)$ 表示累积概率密度函数，得到

$$\pi_i(t) = \begin{cases} \dfrac{\mathrm{d}\omega_i[F(t)]}{\mathrm{d}t}\mathrm{d}t, & i=1 \\ -\dfrac{\mathrm{d}\omega_i[F(T^*) - F(t)]}{\mathrm{d}t}\mathrm{d}t, & i=2 \\ \dfrac{\mathrm{d}\omega_i[F(T^*) - F(t)]}{\mathrm{d}t}\mathrm{d}t, & i=3 \\ -\dfrac{\mathrm{d}\omega_i[1 - F(t)]}{\mathrm{d}t}\mathrm{d}t, & i=4 \end{cases} \tag{5-15}$$

综上所述，可得

$$\begin{aligned} V_{\mathrm{ATP}}^{r,k} = & \int_{-\infty}^{(1+\gamma)T^* - \gamma\bar{T}} \frac{\mathrm{d}\omega_1[F(t)]}{\mathrm{d}t}\tau_1\{[(1+\gamma)T^* - \gamma\bar{T}] - t\}^{a_1}\,\mathrm{d}t \\ & + \int_{(1+\gamma)T^* - \gamma\bar{T}}^{T^*} \frac{\mathrm{d}\omega_2[F(t) - F(T^*)]}{\mathrm{d}t}\tau_2(T^* - t)^{a_2}\,\mathrm{d}t \\ & + \int_{T^*}^{\bar{T}} \frac{\mathrm{d}\omega_3[F(t) - F(T^*)]}{\mathrm{d}t}\tau_3(t - T^*)^{a_3}\,\mathrm{d}t \\ & + \int_{\bar{T}}^{+\infty} \frac{\mathrm{d}\omega_4[F(t) - 1]}{\mathrm{d}t}\tau_4(t - \bar{T})^{a_4}\,\mathrm{d}t \end{aligned} \tag{5-16}$$

四、考虑随机路网能力退化的双参考点 CPV 用户均衡模型

1. 均衡条件

类似于随机用户均衡（stochastic user equilibrium，SUE）模型，出行个体择路决策准则为路径累积到达时间感知价值 $V_{\text{ATP}}^{r,k}$ 最大，路网流量均衡时，所有路径存在相等的 $V_{\text{ATP}}^{r,k}=V_{\text{ATP}}^{r}=\text{MAX}\{V_{\text{ATP}}^{r,k}\}$，同时路径流量 $f_k^r>0$；否则 $V_{\text{ATP}}^{r,k}<\text{MAX}\{V_{\text{ATP}}^{r,k}\}$，$f_k^r=0$。$\sum_{k\in K^r} f_k^r=Q^r$，$f_k^r\geqslant 0$。

令向量 $f^*=\{f_k^{r*}\},V_{\text{ATP}}^r(f^*)=\{V_{\text{ATP}}^r(f_k^{r*})\}$ 分别为均衡时的各路径流量和累积到达时间感知价值，将上述用户均衡条件转化为一个有限维的 VI 问题。即 $V_{\text{ATP}}^r(f^*)$ $(f-f^*)\leqslant 0$，$\forall f\in\Omega$，可行域 $\Omega=\left\{f_k^r \mid f_k^r\geqslant 0,\sum_{k\in K^r} f_k^r=Q^r\right\}$，$f^*$ 即 VI 问题的均衡解。

2. 均衡解存在性分析

可行路径集合集 Γ 为紧凸集，则存在任意 $f\in\Gamma$，总存在唯一最近可行点 $p(f)\in\Gamma$ 使 f 投影于 Γ。定义一个映射 $\theta:\Gamma\to\Gamma$，$\theta(f)=p[f+V_{\text{ATP}}^r(f)]$，则当且仅当 $\theta(f)=f$ 时，有 f 是模型的一个均衡解。由于路径时间、路段退化系数及到达时间价值函数和感知概率权重函数均为连续函数，因此累积到达时间感知价值函数 $V_{\text{ATP}}(\cdot)$ 为连续函数，则 $\theta(\cdot)$ 也连续，满足 Brouwer 不动点定理，VI 均衡解存在。

第二节 求 解 算 法

基于相继平均法（method of successive averages，MSA）求解以上模型。

具体的算法步骤如下。

（1）初始化。定义所有 OD 对可行路径集，基于初始路段条件，在所有路网零流状态下计算各路径累积到达时间感知价值。执行全无全有（0-1）加载，获得初始路段流量 x_a^0，置 $n=1$。

（2）计算路径累积到达时间感知价值。更新路径流量，获得新的路径累积到达时间感知价值函数 $V_{\mathrm{ATP}}^{r,k}$。

（3）方向搜索。在现有累积到达时间感知价值向量基础上，执行一次运量 0-1 加载，得到新的路段流量 $\{y_a^n\}$。

（4）“相继平移”。

$$x_a^{n+1}=x_a^n+\frac{1}{n}(y_a^n-x_a^n),\quad \forall a$$

（5）检查收敛性。计算 $E(x_a)=\dfrac{\sqrt{\sum_a(\overline{x}_a^n-\overline{x}_a^{n+1})^2}}{\sum_a\overline{x}_a^n}$，取后三次的路段平均流量构造收敛判断函数，即 $\overline{x}_a^n=\dfrac{\sum_{l=0}^{3}x_a^{n-l}}{3}$。$E(x_a)\leqslant\varepsilon$ 时算法终止，ε 为收敛指标。否则转步骤（6）。

（6）迭代次数判断。迭代次数 $n>N_{\mathrm{MAX}}$ 时，算法终止，N_{MAX} 为最大迭代次数；否则，转步骤（2），置 $n=n+1$。

第三节　数 值 算 例

本书提出的考虑路网通行能力退化和用户风险偏好的双参考点网络均衡模型可以用于分析以下关键参数之间的关系：①路网能力退化程度；②用户风险态度；③网络均衡流量分布；④不同路径出行最佳到达时间参考点；⑤最早正效用时间参考点；⑥均衡时累积达到时间价值；⑦均衡时路网时间期望和标准差等。由于以上关键参数在同一个模型中相互影响，为明确参数间的关系，必须将其他影响因素简化。因此，本书采用交通网络均衡分析中常用的两路段基础网络（图 5-1）作为分析对象。模型中具体参数设置如下：BPR 路段时间模型中 $Q=500$、$t_a^0=[100,150]$、$\lambda=0.15$、$\beta=4$、$\gamma=1.5$、$\overline{T}=222$、$\sigma=0.8$、$\vartheta=[0.69,0.69,0.74,0.74]$、$\tau=[-2.25,1.00,2.54,-5.71]$、$\alpha=[0.52,0.52,0.52,0.52]$。模型内生重要参数有路网时间期望和标准差、

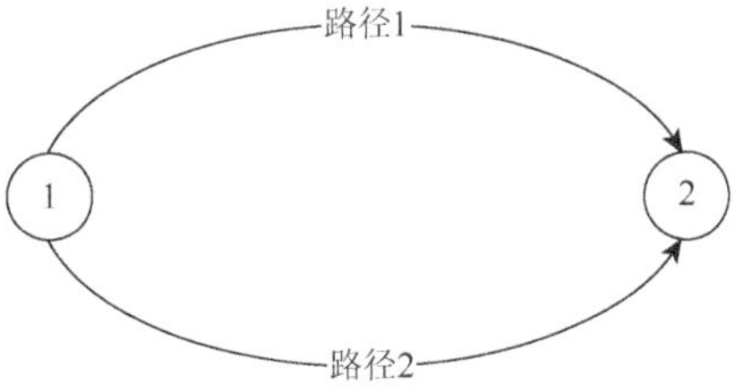

图 5-1　测试路网图

最佳到达时间参考点、最早正效用时间参考点、累积到达时间感知价值，以及均衡时的路段流量分布。

一、路网均衡性检验

下面对路网均衡稳定性进行讨论。图 5-2 节选了路网能力保有系数 $\theta \in [0.47, 0.49]$ 时，路网流量均衡过程。显然，在不同退化系数下，路网流量均可达到稳定均衡状态。

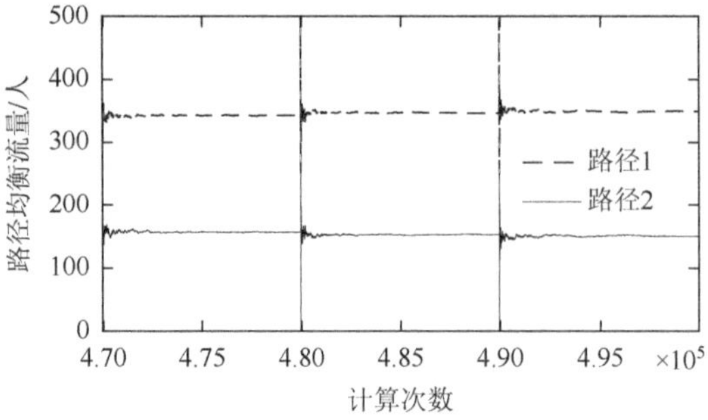

图 5-2　路网均衡稳定性测试图

二、路网能力保有系数与路段设计能力参数取值范围

经实验发现，路网能力保有系数 θ 和路段设计能力上限 $\overline{C_a}$ 对路网时间期望和标准差、最佳到达时间参考点、最早正效用时间参考点、累积到达时间感知价值，以及均衡时的路段流量分布等重要参数产生显著影响。这是因为 $\overline{C_a}$ 决定了稳定时期路网通行时间的上限，均匀分布的 θ 决定了路段通行能力的下限，当 θ 取值较小时，说明该路段可能发生无法通行的极端情况，使得该路段的时间期望和标准差取值非常大。在此情况下，巨大期望说明该路段已经无法通行，巨大标准差说明该路段通行能力无法预测，因而失去了研究的必要性。同时，θ 较大时，说明该路段通行能力几乎不受影响，此时路段时间期望等于零流时间，标准差接近于零。虽然理论上路网能力保有系数取值范围为[0, 1]，但根据本书测试数据，当 $\theta \in [0,1]$、$\overline{C_a} = [200, 250]$ 时，时间期望 $E(t) \in [105.394, 1.909 \times 10^9]$、时间标准差 $\sqrt{\mathrm{Var}(t_k^r)} \in [6.398 \times 10^{-4}, 2.145 \times 10^{10}]$。因此，为提高研究的现实意义，对 θ 与 $\overline{C_a}$ 的取值范围进行讨论。

根据实际路网测试数据，当用户考虑出行路径时，会以工作开始时间和路段零流时间作为重要参考数据，因此有效路段时间和期望不能与以上 2 个参数相差太远。在参考相关研究后，本书以出行 $E(t_k^r) < \overline{T}, \sqrt{\mathrm{Var}(t_k^r)} < 0.1\overline{T}$ 作为讨论区间，选择相应的路网能力保有系数和路段设计能力上限。经计算，θ 和 $\overline{C_a}$ 可行区域如图 5-3 所示。

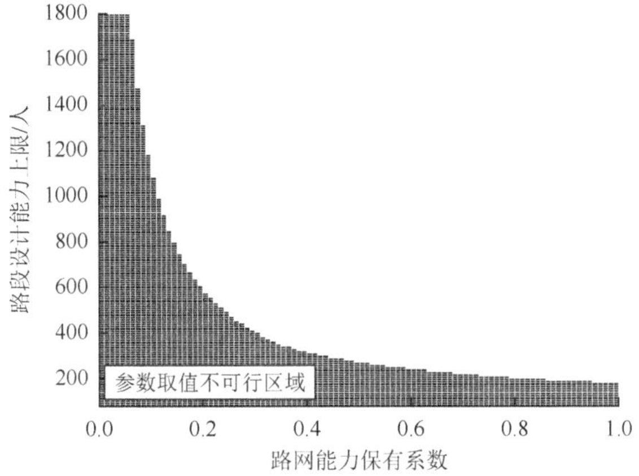

图 5-3 路网能力保有系数与路段设计能力上限取值范围

三、路网能力保有系数对其他重要参数的影响

本书取 $\theta \in [0.3, 0.9]$、$\overline{C_a} = [500, 550]$，均衡时各参数取值如图 5-4 所示。图 5-4 描述的过程是：随着 θ 增加，路网能力退化下限逐步改善，路段设计能力 C_a 在 $[\theta\overline{C_a}, \overline{C_a}]$ 上均匀分布，并产生路段时间期望和标准差。当 $\sigma = 0.8$ 时，生成 T^* 和 $\underline{T}$，并由此测算路径累积到达时间感知价值 V_{ATP}，以 V_{ATP} 最大作为择路准则，获得用户均衡。结果如图 5-4 所示。

（1）当 $\theta \in [0.3, 0.33]$ 时，随着 θ 增加：

①各路径出行时间期望缓慢下降，且路径 1 稳定性小于路径 2；

②各路径出行时间标准差迅速下降，且路径 1 的标准差显著大于路径 2，例如，θ=[0.30,0.31,0.32,0.33]时，$\sqrt{\mathrm{Var}(t_1)}$=[30.61,26.83,23.79,21.76]，$\sqrt{\mathrm{Var}(t_2)}$=[18.45,16.67,14.98,13.09]；

③2 条路径最佳到达时间参考点和最早到达时间参考点取值均稳定下降；

④2 条路径累积到达时间感知价值迅速上升，且曲线基本重合；

⑤2 条路径均衡流量非常稳定，分别为 265 和 235 左右。

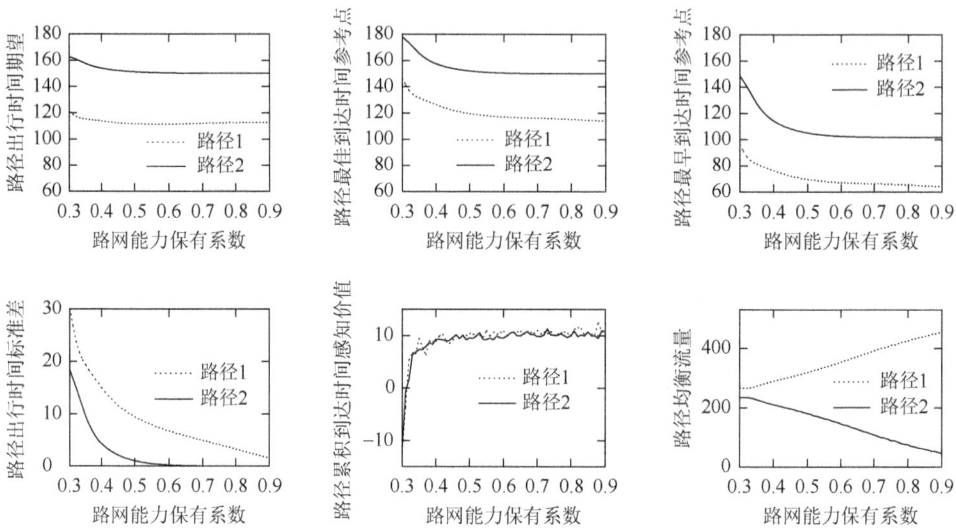

图 5-4　$\theta \in [0.3,0.9]$、$\overline{C_a} = [500,550]$ 时的路网均衡状态

以上参数曲线变化说明，虽然路径 1 出行时间期望显著小于路径 2，但其标准差显著大于路径 2，此时用户择路并不仅希望期望时间较短，也考虑了出行时间不确定性。因此，均衡时，2 条路径流量基本相当。由于流量路径不确定性均较大，因此流量路径累积到达时间感知价值 $V_{\text{ATP}}^{r,k}$ 显著小于 0，但随着路网能力下限改善，不确定性下降，2 条路径 $V_{\text{ATP}}^{r,k}$ 迅速上升，并稳定在 10 左右。

（2）$\theta \in (0.33,0.9]$ 时，随着 θ 增加：

①2 条路径出行时间期望基本保持稳定，而路径 1 出行时间期望显著小于路径 2；

②2 条路径出行时间标准差 $\sqrt{\text{Var}(t_a)}$ 继续下降，$\theta > 0.5$ 后，$\sqrt{\text{Var}(t_1)} \in (1,10)$，$\sqrt{\text{Var}(t_2)} \in (0,1)$，虽然 $\sqrt{\text{Var}(t_1)}$ 显著大于 $\sqrt{\text{Var}(t_2)}$，但其差距一直在减少，$\theta = 0.9$ 时，$\sqrt{\text{Var}(t_1)} = 1.54$，$\sqrt{\text{Var}(t_2)} = 1.60 \times 10^{-4}$，两者之差约为 1.54；

③2 条路径最佳到达时间参考点和最早到达时间参考点取值稳定，曲线形状与路径出行时间期望相似；

④路径 1 均衡流量稳定上升至 454，路径 2 稳定下降至 46。

以上参数曲线变化说明，随着路网能力退化下限的改善，2 条路径出行时间不确定性持续下降。此时，路径 1 出行时间期望显著高于路径 2，但存在一定的不确定性，而路径 2 不确定性非常小。因此，虽然路径 1 期望略高，但为了保证准时到达的可靠性，仍有部分出行者选择不确定性很小的路径 2 出行。不过随着路径 1 与路径 2 不确定性逐渐接近，更多出行者由路径 2 转向路径 1。在这一阶段，由于路网不确定性可控，用户累积到达时间感知价值维持在 10 左右，且 $V_{\text{ATP}}^{1} \approx V_{\text{ATP}}^{2}$，此时网络保持均衡状态。这不仅满足交通网络均衡条件 $[V_{\text{ATP}}^{r,k} - \text{MAX}(V_{\text{ATP}}^{r,k})]f_k^r = 0$，也印证了本书以累积到达时间感知价值最大作为择路规则的基本假设。

本 章 小 结

本章基于连续分布的路网能力退化下限，构造随机路段时间分布期望和方差，设置累积到达时间感知价值函数的连续双参考点，并以累积到达时间感知价值最大作为择路准则，构建了用户均衡模型，对解的存在性进行了证明。最后，用算例分析了路网能力退化下限和路段设计能力上限等模型重要外生参数的取值范围，讨论了用户均衡时路网能力退化下限对路径时间期望、标准差、最佳到达时间参考点、最早到达时间参考点、累积到达时间感知价值和路网均衡流量分布的影响。本章首次将客观路网能力退化下限与主观累积到达时间双参考点标定联系起来，对于探索有限理性下出行行为对交通网络的影响具有一定意义。

第六章　有限理性用户风险态度对系统效率的影响分析

为研究有限理性用户风险态度对随机退化路网均衡和系统效率的影响，构建了考虑路网能力退化的连续风险态度双参考点累积到达时间感知价值用户均衡（cumulative prospect value_user equilibrium，CPV_UE）模型和系统效率分析模型，证明了解的存在性，并设计了嵌套求解算法。模型从外部客观随机性（随机能力退化路网）和个体主观随机性（双参考点累积前景出行效用）两方面对交通网络均衡状态进行定义、划分与分析。最后以 Nguyen&Dupuis 路网为例，分析了连续风险态度对网络均衡和系统效率的影响。研究验证了保守用户在网络均衡时感受到的价值更低的特点，也发现保守用户群体在均衡时流量分布更分散。同时发现，虽然 CPV_UE 比系统最优均衡行程时间期望大，但其标准差较小，行程时间可靠性更高。

不确定交通网络均衡作为城市交通网络研究和管理策略设计的基础，是近年来交通网络均衡研究领域的热点。但是，现有的不确定网络均衡分析存在割裂：部分研究认为城市路网不确定性来自随机路网能力退化，而部分研究者认为不确定性来自出行用户的有限理性，即用户没有能力搜集和正确处理所有的即时路网信息。这些研究分别从外部客观环境和用户内部行为两个方面出发，孤立地定义和分析城市交通系统的不确定性，其理论有待改进。同时，随着 CPV 模型由单参考点发展到双参考点，更多研究认同双参考点模型对出行行为的刻画更加精准，单参考点模型逐渐被双参考点模型取代，根据异质用户的差异性风险态度值，能够设置具有针对性的个体用户参考点。近年来，也有少量研究试图将城市路网的客观不确定性和主观不确定性结合起来，例如，王倩等（2013）结合能力退化路网和单参考点 CPV 模型，分析了两个特殊风险态度取值下 UE 网络的分布特征，但是该研究基于单参考点效用模型，在用户风险态度分析时也仅简单讨论了两种独立的情况。

以上文献分别从外部客观环境和内部有限理性两个方面探讨城市路网均衡的不确定性，但仍存在以下问题：①对于路网不确定性来源的分析存在割裂，认为其要么来自客观环境，要么来自用户主观能力限制，没有将两者相结合；②少量将内外不确定性结合考虑的研究以单参考点模型为基础；③没有深入分析连续异质用户风险态度对网络均衡和系统效率的影响。针对这些问题，本章结合能力退化路网和双参考点 CPV 模型，构造考虑路网退化和连续风险态度的双参考点用户均衡模型，证明模型解的存在性并设计了相应的嵌套算法。最后将模型应用于 Nguyen&Dupuis 路网，分析了连续风险态度对网络均衡和系统效率的影响。

第一节 模型构建

本节以第五章构建的考虑随机路网能力退化的双参考点 CPV_UE 模型为基础模型。将 CPV_UE 模型与系统最优模型对比，并构建系统效率分析模型，从平均时区宽度、平均到达时间累积感知价值、平均路径标准差和平均路径期望时间四个角度对系统效率进行分析。

一、系统最优模型与求解方法

由于随机路网中用户 CPV 不可观测，因此系统最优 SO 模型仍然以网络出行时间期望最小为目标函数。考虑路网能力退化的随机 SO 均衡模型如下：

$$\min_{f} \sum_{a \in A} E(t_a) x_a \tag{6-1}$$

$$\text{s.t.} \sum_{k \in K_r} \sum_{r \in R} f_k^r \delta_a^{r,k} = x_a, \quad a \in A \tag{6-2}$$

$$\sum_{k \in K_r} f_k^r = Q_r, \quad k \in K_r \tag{6-3}$$

$$f_k^r \geqslant 0, \quad k \in K_r, \quad r \in R \tag{6-4}$$

$x_a, a \in A$ 为 SO 均衡时的路段流量，$E(t_a) = E[t_a(x_a)], a \in A$ 为相应 SO 均衡下的路段通行时间，$E(t_a)$ 由式（5-2）获得。SO 均衡解可通过 Frank-Wolfe 法求得。

二、系统效率分析模型

从平均时区宽度 TZW_i、平均累积到达时间感知价值 TPV、平均路径标准差 TSD 和平均路径期望时间 TE 四个角度对系统效率进行分析。由于Ⅳ区指到达时间晚于工作开始时间，无理论上限，因此不对其宽度进行分析。系统分析模型具体表示如下：

$$\text{TZW}_i=\begin{cases}\sum_{r\in R}\sum_{k\in K_r}(T_{\text{early}}^{r,k}-T_{\text{depart}}^{r,k})f_k^r\Big/\sum_{r\in R}Q_r, & i=1\\ \sum_{r\in R}\sum_{k\in K_r}(T_{\text{star}}^{r,k}-T_{\text{early}}^{r,k})f_k^r\Big/\sum_{r\in R}Q_r, & i=2\\ \sum_{r\in R}\sum_{k\in K_r}(T_{\text{work}}^{r,k}-T_{\text{star}}^{r,k})f_k^r\Big/\sum_{r\in R}Q_r, & i=3\end{cases}\tag{6-5}$$

$$\text{TPV}=\sum_{r\in R}\sum_{k\in K_r}V_{\text{ATCP}}^{r,k}f_k^r\Big/\sum_{r\in R}Q_r\tag{6-6}$$

$$\text{TSD}=\sqrt{\sum_{a\in A}\text{Var}(t_a)x_a\Big/\sum_{r\in R}Q_r}\tag{6-7}$$

$$\text{TE}=\sum_{a\in A}E(t_a)x_a\Big/\sum_{r\in R}Q_r\tag{6-8}$$

第二节　求 解 算 法

基于 MSA 和 Frank-Wolfe 法设计两阶段启发式算法，求解双参考点 CPV_UE 模型和路网随机退化的 SO 模型。

具体算法步骤总结如下。

首先确定系统参数：收敛指标 ε，最大迭代次数 N_{MAX}。

（1）MSA 求 CPV_UE 均衡解。

①初始化：以深度遍历法搜索并建立 OD 对可行路径集。在路网零流状态下计算各路径的 $V_{\text{ATCP}}^{r,k,0}$。执行 0-1 加载，获得初始路段流量 x_a^0，置 $n=1$。

②计算 $V_{\text{ATCP}}^{r,k,n}$：更新路径流量，获得新的路径累积到达时间感知价值 $V_{\text{ATCP}}^{r,k,n}$。

③方向搜索：基于 $V_{\text{ATCP}}^{r,k,n}$，执行 0-1 加载，得到新的路段流量 $\{y_a^n\}$，下降方向为 $y_a^n-x_a^n$。

④MSA 移动：以步长为 $\frac{1}{n}$ 移动，获得 $x_a^{n+1}=x_a^n+\frac{1}{n}(y_a^n-x_a^n),\forall a$。

⑤检查收敛性：计算 $e^n = \frac{\sqrt{\sum_a (\bar{x}_a^n - \bar{x}_a^{n+1})^2}}{\sum_a \bar{x}_a^n}$ ，取后三次的路段平均流量构造收敛判断函数。$e^n \leqslant \varepsilon$ 时算法终止；否则转下一步。

⑥迭代次数判断：迭代次数 $n > N_{\text{MAX}}$ 时算法终止；否则转步骤②，置 $n = n+1$。

（2）Frank-Wolfe 法求 SO 均衡解。

①初始化：前一阶段 MSA 求得均衡解后，不同风险态度下的最优流量分布 $x_a[\min(\text{TE}_\rho)], \rho \in [0,1]$ 为初始路段流量 x_a^0，目标函数为 $f(x) = E[t_a(x)]x, \nabla f(x) = \frac{\mathrm{d}E[t_a(x)]x}{\mathrm{d}x}, a \in A$。令 $n=0$，转下一步。

②方向搜索：求解 $\min_{a \in A} \nabla f(x^n)^{\mathrm{T}} x$,。获得新的路段流量 $y^n = \{y_a^n\}$，下降方向为 $y_a^n - x_a^n$，置 $n=1$。

③检查收敛性：计算 $e^n = |\nabla f(x^n)^{\mathrm{T}}(y^n - x^n)|$，$e^n \leqslant \varepsilon$ 时算法终止；否则转下一步。

④迭代次数判断：迭代次数 $n > N_{\text{MAX}}$ 时算法终止；否则转下一步。

⑤计算步长：求解 $\min_{\lambda \in (0,1)} f[x^n - \lambda(y_a^n - x_a^n)]$ 获得下降步长 λ^n，令 $x^{n+1} = x^n + \lambda^n(y^n - x^n), n = n+1$，转步骤②。

第三节　数 值 算 例

下面采用本书提出的连续风险态度双参考点网络均衡模型对 Nguyen&Dupuis 路网进行分析。如图 6-1 所示，全网共 13 个节点，19 个路段，4 个 OD 对（1-2、1-3、4-2、4-3），OD 需求矩阵为 $Q = \begin{bmatrix} 250 & 300 \\ 350 & 200 \end{bmatrix}$，路段时间模型采用随机退化 BPR 模型，参数为 $t_a^0 = [7,9,9,12,3,9,5,13,5,9,9,10,9,6,9,8,7,14,11]$、$\overline{C_a} = 100 \times [3,2,2,2,3.5,4,5,2.5,2.5,3,5,5.5,2,4,3,3,2,3,2]$、$\theta = 0.8$、$\lambda = 0.15$、$\beta = 4$。在设置参考点求解 CPV 时，相关参数有 $\rho = 0.8$、$\phi = 0.045$、$\vartheta = [0.69,0.69,0.74,0.74]$、$\tau = [-2.25,1.00,2.54,-5.71]$、$\alpha = [0.52,0.52,0.52,0.52]$。确定参考点时，相关参数有 $\gamma = 1.5$、$T_{\text{depart}} = 0$、$T_{\text{work}} = 222$。模型内生重要参数包括路段出行时间期望与标准差、路径最佳到达时间参考点、路径最早正效用时间参考点、路径 CPV、用户均衡和系统最优均衡时的路段流量分布与路径流量分布，以及不同风险态度下的系统效率值。

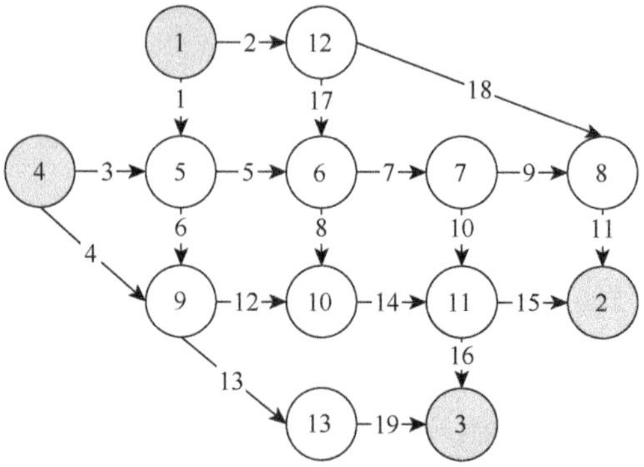

图 6-1　Nguyen&Dupuis 路网图

经深度优先搜索获得 4 个 OD 对可行路径共 25 条，如表 6-1 所示。

表 6-1　OD 对可行路径

OD 对	路径编号	t_k^0	包含路段	OD 对	路径编号	t_k^0	包含路段
1-2	1	29	1、5、7、9、11	4-2	15	31	3、5、7、9、11
	2	33	1、5、7、10、15		16	35	3、5、7、10、15
	3	38	1、5、8、14、15		17	40	3、5、8、14、15
	4	41	1、6、12、14、15		18	43	3、6、12、14、15
	5	35	2、17、7、9、11		19	37	4、12、14、15
	6	39	2、17、7、10、15	4-3	20	34	3、5、7、10、16
	7	44	2、17、8、14、15		21	39	3、5、8、14、16
	8	32	2、18、11		22	42	3、6、12、14、16
1-3	9	32	1、5、7、10、16		23	38	3、6、13、19
	10	37	1、5、8、14、16		24	36	4、12、14、16
	11	40	1、6、12、14、16		25	32	4、13、19
	12	36	1、6、13、19				
	13	38	2、17、7、10、16				
	14	43	2、17、8、14、16				

一、CPV_UE 与 SO 均衡下的流量分布

图 6-2 和表 6-2 展示了 CPV_UE 与 SO 均衡下的系统流量分布状况。由图 6-2 可知，随着用户不迟到的概率最低要求 σ 逐渐增加，4 个 OD 对间路径流量分布

趋于平均。σ 接近 0 点时，OD 对 1-2、1-3、4-2 和 4-3 间绝大多数流量分别集中于路径 8、路径 9、路径 15 和路径 25。

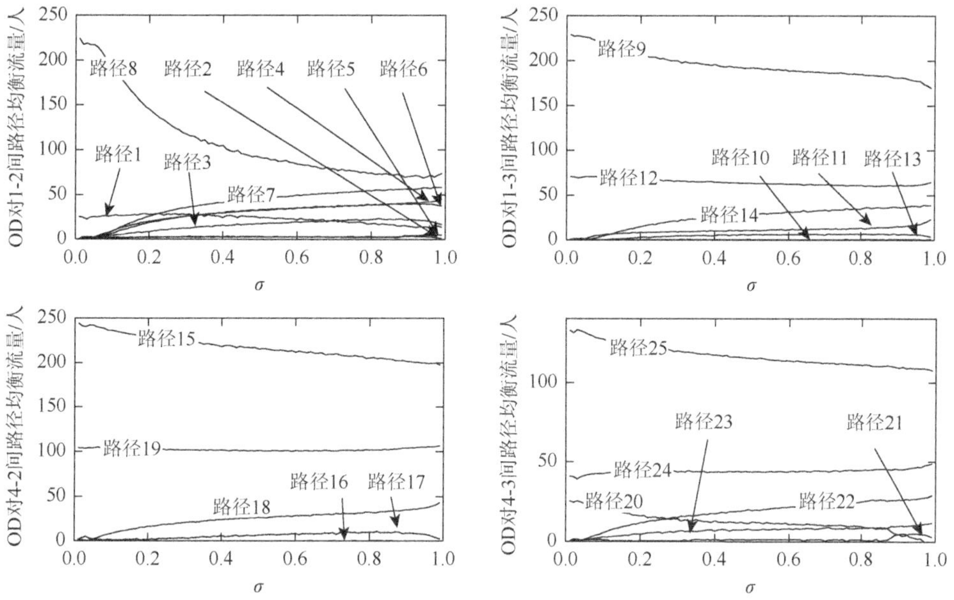

图 6-2　不同 σ 下的 CPU_UE 流量分布

由表 6-2 可知，当 σ 取不同值时，CPV_UE 与 SO 均衡下的路径流量分布不同，SO 均衡流量分布介于 CPV_UE 模型在 σ 取 0.01～0.50 时的值之间。

表 6-2　CPV_UE 与 SO 均衡流量分布

OD 对 1-2						OD 对 1-3					
	路径	CPV_UE			SO		路径	CPV_UE			SO
		$\sigma=0.01$	$\sigma=0.50$	$\sigma=0.99$				$\sigma=0.01$	$\sigma=0.50$	$\sigma=0.99$	
路径及其流量	1	26	15	1	22	路径及其流量	9	229	199	178	211
	2	0	1	0	1		10	1	1	1	1
	3	0	18	17	9		11	0	9	20	7
	4	0	36	51	23		12	70	64	66	68
	5	0	10	13	7		13	0	5	2	2
	6	0	31	31	17		14	0	22	33	11
	7	0	48	63	26						
	8	224	91	74	145						
$Q_{1\text{-}2}$	250					$Q_{1\text{-}3}$	300				

续表

OD 对 4-2						OD 对 4-3					
	路径	CPV_UE			SO		路径	CPV_UE			SO
		$\sigma = 0.01$	$\sigma = 0.50$	$\sigma = 0.99$				$\sigma = 0.01$	$\sigma = 0.50$	$\sigma = 0.99$	
路径及其流量	15	244	218	202	230	路径及其流量	20	26	11	0	16
	16	0	0	0	0		21	0	4	2	1
	17	2	6	4	2		22	0	22	35	14
	18	0	22	35	13		23	0	7	10	4
	19	104	104	109	105		24	41	41	45	43
							25	133	115	108	122
$Q_{4\text{-}2}$		350				$Q_{4\text{-}3}$		200			

二、用户风险态度对系统效率的影响

图 6-3 展示了σ取不同值时，CPV_UE 与 SO 均衡时的系统效率。随着σ的增加，CPV_UE 模型Ⅰ区平均长度逐渐上升，Ⅱ区平均宽度基本不变，Ⅲ区平均宽度逐渐下降。这是由于随着用户不迟到的概率最低要求σ逐渐增加，用户预留

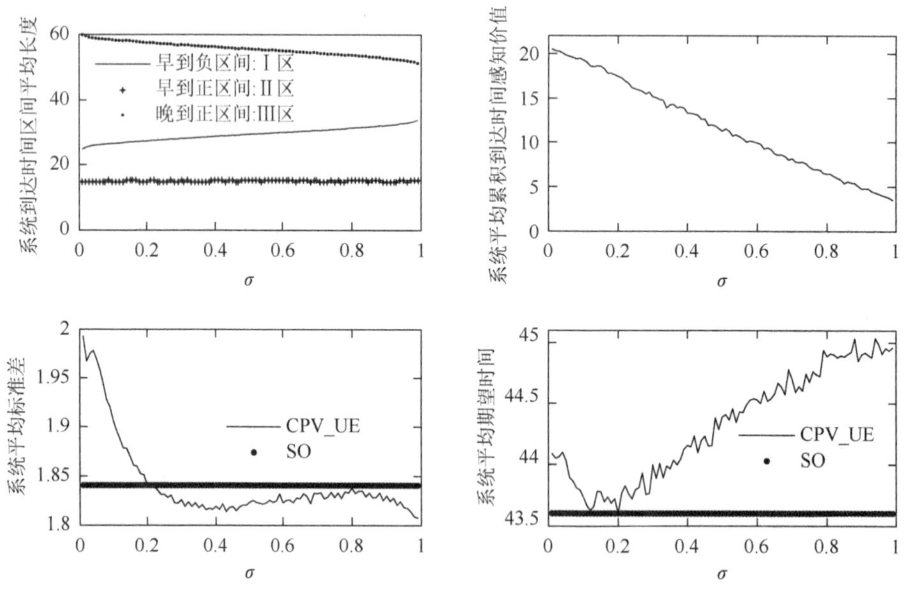

图 6-3　σ对系统效率的影响

出行时间增加，最佳到达时间参考点 T_{star} 逐渐接近 T_{work}。同时，由于早到收益区存在上限 $\bar{T}$，II 区宽度在超过上限后维持稳定宽度，进而令 T_{early} 逐渐接近 T_{work}，导致 I 区宽度增加。

随着用户不迟到的概率最低要求 σ 逐渐增加，正效用区间逐渐变窄，而负效用 I 区变宽。由于路网出行时间的客观随机性来自其能力随机退化，与到达时间感知效用区间宽度无关。因此，随着 σ 的增加，TPV 逐渐下降。这也体现了现实中虽然保守的用户更加倾向风险规避，但其到达时间感知价值却更低的特点。

图 6-3 下半部分展示了 CPV_UE 和 SO 模型的 TSD 和 TE 值。随着 σ 的增加，TE_{CPV_UE} 在 $\sigma \approx 0.2$ 时存在拐点，此时 $TE_{CPV\_UE} = \min(TE_{CPV\_UE})$，$TE_{SO} \approx \min(TE_{CPV\_UE})$。与此同时，$TSD_{CPV\_UE}$ 振荡下降，并可分为 3 个区间：$\sigma \in (0,0.3)$ 时，TSD_{CPV_UE} 迅速下降；$\sigma \in (0.3,0.8)$ 时，TSD_{CPV_UE} 在振荡中趋于稳定；$\sigma \in (0.8,1)$ 时，TSD_{CPV_UE} 又一次迅速下降。$TSD_{SO} \approx TSD_{CPV\_UE}(\sigma = 0.2, 0.8)$。可见在随机能力退化的路网中，系统达到总期望时间最短时，其标准差大于绝大多数的 TSD_{CPV_UE}，说明管理者不能非常有效地掌控系统出行时间；当系统总期望时间最小时，由于存在较大标准差，整个系统出行时间依然存在较大的不确定性。而用户分散决策时，CPV_UE 模型的不确定性显著小于 SO 模型。

本 章 小 结

本章将双参考点 CPV 模型和随机能力退化路网模型相结合，从外部客观随机性（随机能力退化路网）和个体主观随机性（双参考点 CPV）两个方面对交通网络均衡流量和均衡时间进行了定义、划分与分析，并提出了相应的系统效率分析模型。在此基础上，设计了基于 MSA 和 Frank-Wolfe 法的嵌套算法，求解本章提出的 CPV_UE 模型和经典 SO 模型。最后以 Nguyen&Dupuis 路网为例，对模型进行了试算，并分析了系统效率。发现随着用户不迟到的概率最低要求 σ 逐渐增加，4 个 OD 对间的路径流量均衡分布趋于分散，晚到正区间宽度减小，早到负区间宽度增加，用户获得的 CPV 下降，印证了保守用户在网络均衡时感受到的价值更低的特点，也发现保守用户群体在均衡时流量分布更分散。与此同时，以 $\sigma = 0.2$

为界，CPV_UE 模型平均出行时间标准差先迅速下降，再维持稳定，系统平均期望时间先降后升。而 SO 均衡时，虽然系统平均期望时间最短，但其标准差在 80% 以上的情况下大于 CPV_UE。这意味着在一个存在外部客观随机性（随机能力退化）的路网中，管理者虽然能通过各种手段促使整个系统的期望时间最低，但仍不能进一步减小标准差，系统行程时间不确定性较大。从风险态度全区间来看，当σ大于 0.2 时，CPV_UE 均衡时的系统不确定性相对 SO 均衡较低。

第七章　退化路网中有限理性用户碳排放收费研究

路段收费是交通行为引导的有效手段。本书构建了引导低碳出行的碳排放收费多准则双层优化模型。上层模型以系统碳排放量最少为目标，搜索最优收费路段（toll link，TL）并识别最优费率。下层模型基于双参考点累积前景用户和随机退化路网，构建综合考虑行程时间、累积到达时间感知价值、通行费和油费的多准则流量分配模型。设计了基于路段碳密度的启发式算法对模型求解，并采用双向 Nguyen&Dupuis 路网验证了模型和算法的有效性。研究表明：合理设置收费路段和收费标准能够有效降低全网碳排放总量。但是，若收费标准设置过高，会降低原瓶颈路段的通行能力，并且会人为制造新的瓶颈，反而使全网碳排放量上升。

作为目前城市交通规划与管理的主要工具之一，路段收费被广泛应用于拥堵疏通、交通污染治理和交通基础设施建设融资等领域。自 Vickrey（1969）的研究以来，路段收费研究领域涌现了大量具有价值的研究，其主要方向可分为两类：第一类基于排队论建构微观交通瓶颈模型，讨论路段收费标准对瓶颈拥堵弥散过程的影响，决策变量主要是异质用户出发时间，目标函数为系统总时间最小；第二类从经济学角度将用户外部性内化，在行为经济学框架下，以用户边际外部成本与边际个人成本之差定义收费标准，即通过对某些路段收取无差异费用使 CPV_UE 结果等同于 SO 均衡。这两类研究通常基于确定性路网和完全理性用户假设，没有考虑路网通行能力的随机退化，也没有考虑用户的有限理性。

近年来，相关理论和实验研究取得了长足进展：不仅构建了随机退化路网模型模拟日常路网通行能力的不确定性；同时，择路模型也由期望效用最大用户发展到基于内生双参考点累积到达时间感知价值（cumulative arrival time perception value，CATPV）的用户，该模型能够描述个体风险规避和参考点依赖等特点。因此，基于随机退化路网和 CATPV 择路模型的收费路段自动识别与优化研究具有较为显著的现实意义和理论价值。

以上研究虽然取得了丰富的成果，但仍存在以下问题：①现有两类研究主要基于确定性路网和完全理性用户，同时考虑路网随机退化和 CATPV 用户的研究较少；②现有两类研究分别从瓶颈模型和边际外部性分析出发计算既定路段的收费标准，基于系统仿真的实验性最优收费路段识别和收费标准优化相关研究较少；③现有交通规划研究使用的优化算法主要基于智能算法，需要配流次数高达 1500 次，对于同时考虑随机退化路网和 CATPV 用户的多准则双层规划而言，配流次数仍然过多，计算时间过长。针对以上问题，本章基于随机退化路网和 CATPV 用户，构建了以系统总碳排放量最少为目标的多准则双层规划模型，并基于内生路段碳密度设计了启发式算法求解。本书可为城市交通规划提供信息支持。

第一节　模 型 构 建

高峰时段，管理者对瓶颈路段收取无差别的固定通行费用，达到引导部分车辆绕行，消除拥堵瓶颈，降低网络碳排放总量等目的。同时，用户以考虑 CATPV 的广义效用值最大为准则择路。用户间的互动形成底层多准则网络均衡问题，管理者与用户之间的互动，形成双层规划问题。整个交通网络的不确定性由随机退化路网提供。

一、上层问题：考虑系统时间与碳排放量的双目标优化

路网 $G=(N,A)$，N 为节点集，A 为路段集。W 为 OD 集，Q 为需求集。以全网碳排放量最低为目标，将上层问题描述如下：

$$\min_{u_{\mathrm{tc}}} E=\sum_{a}\mathrm{ce}_{a}[x_{a}(u_{\mathrm{tc}}),u_{\mathrm{tc}}]d_{a}x_{a}(u_{\mathrm{tc}}) \tag{7-1}$$

式中，x_a 为路段 a 的即时流量；ce_a 为路段 a 的即时碳密度；u_{tc} 为收费标准为 tc 时的收费路段矩阵；d_a 为路段 a 的长度。$E=\sum_{a}\mathrm{ce}_{a}[x_{a}(u_{\mathrm{tc}}),u_{\mathrm{tc}}]d_{a}x_{a}(u_{\mathrm{tc}})$ 为系统碳排放量。

根据英国交通研究所公布的开环（open loop）下小汽车（排量小于 1.4L）的碳密度（g/km）：

$$\mathrm{ce}_a = 238 - 3.67V_a + 0.0319V_a^2 \tag{7-2}$$

式中，V_a为路段行驶速度（km/h）。

$$V_a = d_a / t_a \tag{7-3}$$

$$t_a = \frac{d_a}{v_0}\left[1 + \lambda\left(\frac{x_a}{C_a}\right)^{\beta}\right] \tag{7-4}$$

式中，t_a为 BPR 路段通行时间；v_0为零流速度；C_a为均匀分布的路段设计能力。路段a上，$\overline{C_a}$为路段a设计能力的上限，θ_a为路网能力保有系数，$\theta_a\overline{C}_a$为通行能力退化下限，$\theta_a \in [0,1]$。λ和β为外生参数。

路段通行时间期望和方差见式（5-2）和式（5-3）。

考虑系统时间与碳排放量的双目标优化模型中，假设对 OD 对w之间的路径k进行分析，由于路段时间分布符合林德伯格-费勒中心极限定理，则路径时间分布如下：

$$t_k^w \sim N(E(t_k^w), \mathrm{Var}(t_k^w)), \quad \forall w \in W, \quad k \in K_w \tag{7-5}$$

$$E(t_k^w) = \sum_a \delta_{a,k}^w \left[t_a^0 + \lambda t_a^0 x_a^{\beta} \frac{1-\theta_a^{1-\beta}}{\overline{C_a}^{\beta}(1-\theta_a)(1-\beta)} \right] \tag{7-6}$$

$$\begin{aligned}\mathrm{Var}(t_k^w) = &\sum_a \delta_{a,k}^w \lambda^2 (t_a^0)^2 x_a^{2\beta} \left\{ \frac{1-\theta_a^{1-2\beta}}{\overline{C_a}^{2\beta}(1-\theta_a)(1-2\beta)} - \left[\frac{1-\theta_a^{1-\beta}}{\overline{C_a}^{\beta}(1-\theta_a)(1-\beta)} \right]^2 \right\} \\ &+ \sum_{a\in A} \sum_{b \in A, b\neq a} \delta_{a,k}^w \delta_{b,k}^w \psi_{a,b} \sqrt{\mathrm{Var}(t_a)}\sqrt{\mathrm{Var}(t_b)}\end{aligned} \tag{7-7}$$

式中，t_k^w为 OD 对w之间路径k的行程时间；$\delta_{a,k}^w$为 OD 对w的路径-路段关系矩阵；$\psi_{a,b}\sqrt{\mathrm{Var}(t_a)}\sqrt{\mathrm{Var}(t_b)}$为路段$a$、$b$之间出行时间协方差，$\psi_{a,b}$为相关系数。当路段相互独立时，相关系数为 0。

二、下层问题：考虑随机退化路网与有限理性决策个体的网络均衡模型

下层模型随机退化路网行程时间分布借鉴 Lo 和 Tung（2003）的研究，考虑双参考点 CATPV 值的多准则择路模型借鉴田丽君等（2016b）的研究。CATPV 值的计算沿用第五章构建的模型。

由于本章主要研究用户择路决策时在时间和价格两方面的权衡取舍，因此在设计广义出行效用模型时没有考虑用户的环保偏好、信息收集能力和学习能力等特性以保障模型的简洁性。由于 CATPV 用户择路模型在参考点设置时已经强调了行程时间可靠性，因此没有在广义效用模型中单列可靠性偏好。择路模型中用户对时间的偏好表现在行程时间和 CATPV 值上，对价格的偏好表现在通行费和燃油费上。

$$\begin{aligned}\Psi_k^w = \mathrm{Gain}_k^w - \lambda_1 E\{t_k^w[u_{\mathrm{tc}}(x_a),x_a]\} + \lambda_2 \mathrm{VATP}_k^w[u_{\mathrm{tc}}(x_a),x_a] \\ - \mathrm{Toll}_k^w[u_{\mathrm{tc}}(x_a),x_a] - 6.5\,\mathrm{Gas}_k^w[u_{\mathrm{tc}}(x_a),x_a]\end{aligned} \tag{7-8}$$

式（7-8）表示 OD 对 w 之间路径 k 的广义出行效用。其中，Ψ_k^w 为以货币表示的出行效用；Gain_k^w 表示用户完成出行所获得的价值；$E(t_k^w)$ 表示路径时间期望，由式（7-6）表示；VATP_k^w 表示 CATPV 值；Toll_k^w 表示选择该路径需支付的通行费，是该路径经过的所有收费路段的通行费之和；Gas_k^w 表示油耗成本，为出行油耗量与油价的乘积；λ_1 为 VOT；λ_2 为 CATPV 值的货币折算系数。

$$\mathrm{Toll}_k^w = \sum_{a\in A_k^w} \mathrm{tc}_a u_a \delta_{a,k}^w,\quad \forall w\in W, k\in K_w \tag{7-9}$$

式中，tc_a 为路段收费标准，单位为元。

$$\mathrm{Gas}_k^w = \mathrm{ge}_a d_a / 100 \tag{7-10}$$

$$\mathrm{ge}_a = 0.330V_a^2 - 1.763V_a + 30.760 \tag{7-11}$$

式中，ge_a 为油耗因子，单位为 L/(100km)；V_a 为速度，单位为 km/h。

第二节　求 解 算 法

为求解双层规划模型，设计了基于路段碳密度的启发式算法，具体步骤如下。

1. 初始化

定义所有 OD 对可行路径集，设置初始收费路段矩阵 u_a^0 为零矩阵，路段收费标准设置为 $\mathrm{tc}^0 \in [0,\overline{\mathrm{tc}}]$，收费标准迭代步长 $\Delta\mathrm{tc}$，并设置下层问题最大迭代次数 N_{MAX} 和收敛指标 ε，以及上层问题最大迭代次数 N'_{MAX} 和收敛指标 ε'。

2. 下层配流

（1）初始化：在零流和免费的状态下计算各路径行程时间期望、CATPV 值和路径燃油费。计算路径广义效用值为Ψ_k^w，并对Ψ_k^w广义效用值最大的路径执行 0-1 加载，获得初始路段流量x_a^0，置$n_l=1$。

(2)搜索与移动：基于当前的路段流量x_a^n、收费路段矩阵u_a^n和收费标准 tc^n 计算路径广义效用；更新路径流量、路径广义效用值Ψ_k^w，并对现有Ψ_k^w最大的路径执行 0-1 加载，得到新的路段流量$\{y_a^n\}$，完成路段流量移动$x_a^{n+1}=x_a^n+\frac{1}{n}(y_a^n-x_a^n),\quad \forall a$。

（3）检查收敛性：计算$E(x_a)=\frac{\sqrt{\sum_a(\overline{x}_a^n-\overline{x}_a^{n+1})^2}}{\sum_a \overline{x}_a^n}$，取后三次路段平均流量构造收敛判断函数，即$\overline{x}_a^n=\frac{\sum_{l=0}^{3}x_a^{n-l}}{3}$。当$E(x_a)\leqslant\varepsilon$时，下层配流算法终止，否则转下一步。

（4）迭代次数判断：迭代次数$n>N_{\text{MAX}}$时，算法终止，否则转第（2）步，置$n=n+1$。

3. 上层优化

由于下层问题基于随机退化路网和 CATPV 用户，配流需要较长时间，而随着双向路网中路段和 OD 的数量增加（例如，第三节算例中含有 13 个节点，38 个路段，156 组 OD 对，以及 5924 条路径），将极大地增加配流问题的复杂性和耗时长度。因此，本章根据收费车道问题解的可行域较窄和最优解依赖于瓶颈车道交通流密度均衡的特点，设计了耗时较短的启发式算法。

（1）初始化：设最优目标值为一个极大值$\overline{E}_0=M$。

(2)计算路段密度和系统目标值：根据下层配流得到的x_a矩阵、收费标准 tc^n 和当前收费路段矩阵u_{tc}^n计算各路段密度ce_a^n和系统目标值E^n，更新最优目标值$\underline{E}_{\text{tc}}^n=\min(E_{\text{tc}}^n,\underline{E}_{\text{tc}}^n)$，更新最优收费路段矩阵$\hat{u}_{\text{tc}}^n=u_{\text{tc}}^n$，$E_{\text{tc}}^n=\underline{E}_{\text{tc}}^n$。

（3）更新收费路段：取当前路段密度ce_a^n最大的 3 个路段作为新的收费路段，令收费路段矩阵u_{tc}^n中收费路段编号为 1，其余路段编号为 0。

（4）检查收敛性：取后三次最优目标值构造收敛判断函数，即$E'(\underline{E}_{\text{tc}})=\frac{\sqrt{(\underline{E}_{\text{tc}}^n-\underline{E}_{\text{tc}}^{n-1})^2}}{\underline{E}_{\text{tc}}^n}$。当$E'(\overline{E}^n)\leqslant\varepsilon'$时，转第（2）步，否则转下一步。

（5）迭代次数判断：迭代次数 $n > N'_{\mathrm{MAX}}$ 时转第（2）步，否则转第（6）步，置 $n = n+1$ 。

（6）收费标准更新与判断：将收费标准更新为 $\mathrm{tc}^{n} = \mathrm{tc}^{n-1} + \Delta\mathrm{tc}$ 。收费标准 $\mathrm{tc}^{n} > \overline{\mathrm{tc}}$ 时，算法结束。否则转第（2）步，置 $n = 1$ 。

第三节　数 值 算 例

采用本章提出的多准则双层优化模型设计基于双向Nguyen&Dupuis路网早高峰通勤的路段碳排放收费方案。路网图如图 7-1 所示，全网共 13 个节点，双向 38 个路段，路段时间模型采用基于路段长度的改进随机退化 BPR 模型，参数为 $\overline{C_a} = 100\times[6,4,4,4,7,8,10,5,5,6,10,11,4,8,6,6,4,6,4,6,4,4,4,7,8,10,5,6,6,10,11,4,8,6,6,4,6,4]$ 、d_a=[350,450,450,600,150,450,250,650,250,450,450,500,450,300,450,400,350,700,550,⋯, 350,450,450,600,150,450,250,650,250,450,450,500,450,300,450,400,350,700,550]、$v_0 = 50$ 、$\theta = 0.8$ 、$\lambda = 0.15$ 、$\beta = 4$ 。在设置参考点求解 CATPV 值时，相关参数有 $\rho = 0.8$ 、 $\phi = 0.045$ 、 $\vartheta = [0.69, 0.69, 0.74, 0.74]$ 、 $\tau = [-2.25, 1.00, 2.54, -5.71]$ 、$\alpha = [0.52, 0.52, 0.52, 0.52]$ 。确定参考点时，相关参数有 $\gamma = 1.500$ 、 $\underline{T} = 0$ 、 $\overline{T} = 100T^{*} = 15$ 。广义效用函数中， $\mathrm{Gain}_{k}^{w} = 200$ 、 $\lambda_1 = 1$ 、 $\lambda_2 = 20$ 。

如图 7-1 所示，节点 1 和节点 4 为住宅区，节点 2 和节点 3 为 CBD，全网共有 156 组 OD 对、5924 条路径。4 个主 OD 对（1-2、1-3、3-2 和 3-3）之间的路径分别有 54 条、49 条、60 条和 48 条。各 OD 早高峰需求如表 7-1 所示。

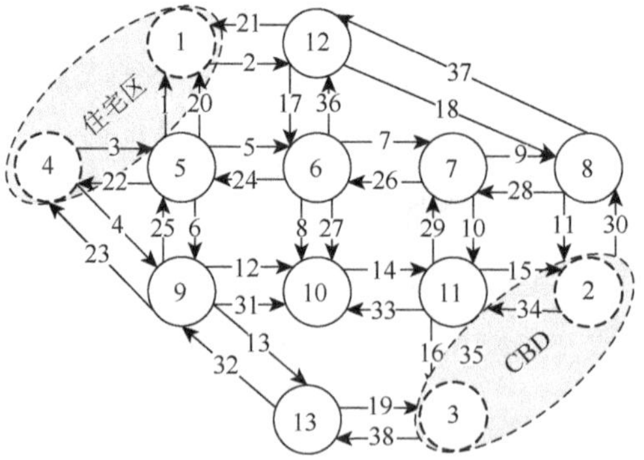

图 7-1　Nguyen＆Dupuis 双向路网图

表 7-1　各 OD 早高峰需求

节点	1	2	3	4	5	6	7	8	9	10	11	12	13
1	0	300	350	27	11	16	27	33	44	5	27	5	44
2	44	0	27	11	5	5	11	27	16	16	27	5	27
3	33	27	0	5	5	11	27	33	38	5	16	11	22
4	27	300	350	0	5	22	33	38	27	11	22	5	33
5	11	5	5	5	0	11	38	33	27	16	22	5	27
6	16	5	11	22	11	0	44	22	22	11	16	11	38
7	27	11	27	33	38	44	0	27	22	5	11	16	49
8	33	27	33	38	33	22	27	0	38	11	27	5	49
9	44	16	38	27	27	22	22	38	0	5	22	11	38
10	5	16	5	11	16	11	5	11	5	0	22	11	27
11	27	27	16	22	22	16	11	27	22	22	0	5	22
12	5	5	11	5	5	11	16	5	11	11	5	0	44
13	44	27	22	33	27	38	49	49	38	27	22	44	0

在免费状态下分别测算 38 个路段均衡时的碳密度，结果如表 7-2 所示。此时路段 5、路段 9 和路段 13 的碳密度大于其他路段。因此，采用无差别固定收费标准法对路段 5、路段 9 和路段 13 收费。

表 7-2　免费状态下路段碳密度　（单位：g/km）

路段号	碳密度	路段号	碳密度	路段号	碳密度	路段号	碳密度
1	148.96	11	134.86	21	134.25	31	134.25
2	134.71	12	134.26	22	134.42	32	137.09
3	145.01	13	167.93	23	134.26	33	134.25
4	145.96	14	134.30	24	139.15	34	134.26
5	189.81	15	134.35	25	134.47	35	134.56
6	134.59	16	148.12	26	134.91	36	134.28
7	153.86	17	134.41	27	134.25	37	134.25
8	134.25	18	134.28	28	136.36	38	134.57
9	161.70	19	147.40	29	134.73	—	—
10	147.91	20	134.76	30	134.25	—	—

图 7-2 显示了不同收费标准下路段 5、路段 9 和路段 13 的均衡流量。显然，随着收费标准的提高，各路段流量迅速下降，当收费为 70 元/辆时，路段 9 开始间歇性断流；当收费为 140 元/辆时，路段 5 几乎完全断流；当收费为 300 元/辆时，路段 9 几乎完全断流，路段 13 流量下降至 165 辆。

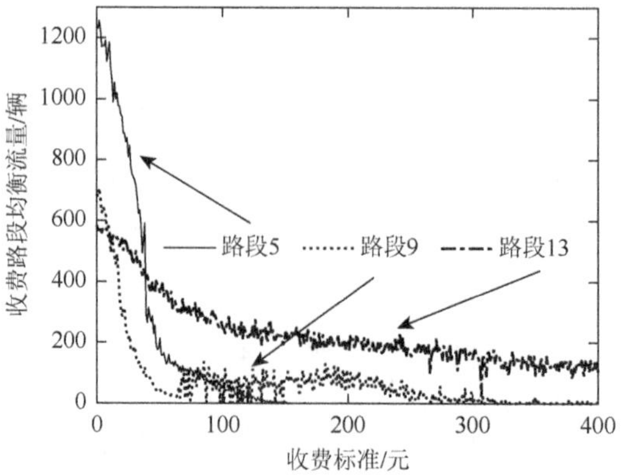

图 7-2　收费标准对收费路段均衡流量的影响

采用本章提出的基于路段碳密度的启发式算法对收费路段进行优化，计算收费标准为 0～70 元/辆时的最优收费路段，结果如表 7-3 所示。

表 7-3　不同收费标准下的最优收费路段

TC	TL	TC	TL	TC	TL	TC	TL	TC	TL	TC	TL	TC	TL
1	5，9，13	11	5，9，13	21	5，9，13	31	5，9，13	41	5，9，13	51	3，5，13	61	3，5，16
2	5，9，13	12	5，9，13	22	5，9，13	32	5，9，13	42	5，9，13	52	3，5，13	62	3，5，16
3	5，9，13	13	5，9，13	23	5，9，13	33	5，13，19	43	5，9，13	53	3，5，13	63	3，5，13
4	5，9，13	14	5，9，13	24	3，5，9	34	5，9，13	44	5，9，14	54	3，5，13	64	5，13，19
5	5，9，13	15	5，9，13	25	5，9，13	35	3，5，9	45	5，13，19	55	3，5，16	65	3，5，13
6	5，9，13	16	5，9，13	26	3，5，9	36	5，13，19	46	3，5，13	56	3，5，13	66	3，5，13
7	5，9，13	17	5，9，13	27	3，5，9	37	5，9，13	47	5，13，19	57	3，5，13	67	5，13，19
8	5，9，13	18	5，9，13	28	5，9，13	38	3，5，13	48	5，13，19	58	3，5，13	68	5，9，13
9	5，9，13	19	5，9，13	29	3，5，9	39	5，13，19	49	3，5，13	59	3，5，16	69	5，13，19
10	5，9，13	20	3，5，9	30	5，9，13	40	3，5，13	50	3，5，13	60	3，5，13	70	3，5，13

图 7-3 显示了不收费，固定路段 5、路段 9、路段 13 收费，最优路段收费三种情境下的系统碳排放总量。收费标准为 0～70 元/辆时，系统碳排放总量随收费标准提高呈现出先下降再上升的趋势。当收费标准为 30 元/辆时，系统碳排放总量最低。在同一收费标准下，最优收费路段情境比固定收费路段情境的系统碳排放总量更少，当收费标准大于 65 元/辆时，固定收费路段情境下的碳排放总量变化趋势出现波动，而最优收费路段情境下系统碳排放总量变化趋势仍然保持稳定。

当收费标准超过 70 元/辆时，收费反而会导致系统碳排放总量增加，这是因为过高的收费将导致收费路段通行能力过度受损，甚至路段断流，降低了整个路网的连通性和平均速度。

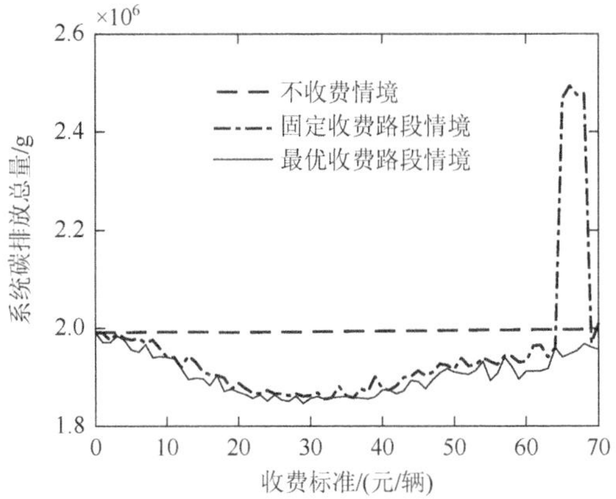

图 7-3 收费标准对系统碳排放总量的影响

值得注意的是，当收费标准大于 30 元/辆时，最优收费路段情境下 3 个收费路段的缴费车辆数和收费总额整体上大于固定收费路段情境，如图 7-4 和图 7-5 所示。可见，本算法设计的最优收费方案能够在保障网络连通性能的情况下，降低系统碳排放总量，并促使驾驶人自愿支付更多费用。筹集的费用是驾驶人对其外部性的补偿，可用于公交系统改善，进一步引导驾驶人选择低碳的公交出行方式。

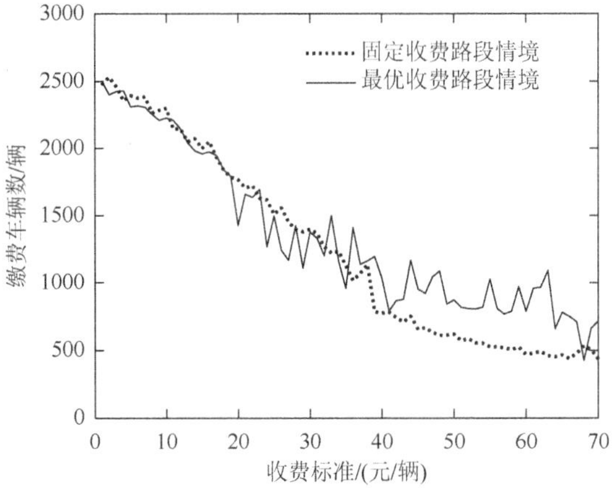

图 7-4 收费标准对缴费车辆数的影响

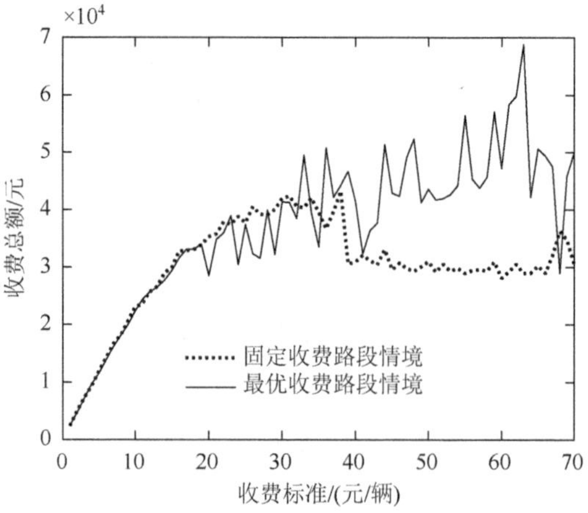

图 7-5　收费标准对收费总额的影响

本 章 小 结

本章基于随机退化路网和 CATPV 用户，构建了多准则择路模型，并以此为底层用户构建了多准则双层规划模型，研究以系统碳排放总量最小为目标的收费路段识别与收费标准优化问题。为求解模型，设计了基于路段碳密度的启发式算法，并以双向 Nguyen&Dupuis 路网为例对模型和算法的有效性进行了检验。数值仿真实验结果表明，利用本章提出的多准则双层规划模型设计路段收费方案，能够在满足需求的基础上有效地降低系统碳排放总量。但过高的收费标准将损害路网关键部分的连通性，反而可能使全网碳排放量上升。

第八章　ATIS 渗透率对系统可靠性的影响

鉴于行程时间可靠性是累积前景择路模型参考点设置的首要依据，采用 ATIS 引导此类用户择路能否显著改善路径、OD 和系统行程时间可靠性成为一个有意义的研究课题。对此，本书构建了基于双参考点累积到达时间感知价值择路模型与 ATIS 引导下路径行程时间最可靠择路模型的多类用户均衡网络，以研究随机退化路网中 ATIS 渗透率对双参考点有限理性用户行程时间可靠性的影响。结果表明，对路径、OD 和整个系统而言，通畅时，高渗透率能提高系统可靠性，并增加可靠性曲线的稳定性；但拥堵时，一定比例的渗透率能增加可靠性值，而高渗透率反而可能降低部分用户的可靠性。

择路行为建模是城市交通网络均衡和规划管理的基础，而行程时间可靠性（下称“可靠性”）则是随机环境下用户择路决策的重要影响因素。在理论上，自 Schmidt 和 Tiffin（1969）的研究以来，出现了大量关于可靠性的研究，也有研究认为静态环境下 ATIS 渗透率上升有助于可靠性提高。但是，众多现有研究将 OD 可靠性视为路段可靠性的串并联系统，简单地将 OD 行程时间不可靠程度等同于 OD 所有路径行程时间不可靠程度的积，这种算法明显与现实不符。因为该算法认为，当 OD 有多条不可靠路径时，只要路径数量大到一定程度，OD 可靠性将接近 100%。同时，这些研究都是基于期望效用理论的，对用户采用了传统行为研究常用的完全理性假设。

随着交通行为建模与仿真研究的快速发展，相关理论和实验研究一再证明，个体决策时存在显著的可靠性要求和参考点依赖。至此，择路依据也由传统的广义期望效用函数进化为内生双参考点 CATPV 模型。这种新的择路模型强调可靠性，并通过内生参考点设置，将可靠性纳入用户的择路决策之中。但是交通系统中，不仅分散决策的用户相互作用，随机退化的路段通行能力也会影响不同路径的出行时间可靠性。因此，虽然 CATPV 择路模型在建模时已经强调了可靠性，但 ATIS 引导是否能够提高路径、OD 和整个系统的可靠性，不同渗透率对可靠性的影响有何差异，这些问题仍在基于随机网络和有限理性择路模型的交通网络均衡研究领域具有显著的研究价值。

因此，上述文献对可靠性、CATPV 择路模型和 ATIS 渗透率等内容分别进行了研究，但仍存在以下问题：①将 OD 行程时间不可靠性等同于路径行程时间不可靠性的积，使得路径数量较大时，无论其可靠性大小，OD 可靠性均接近 100%，与现实不符；②关于路径可靠性的相关研究主要基于期望效用模型，关于 CATPV 模型的相关研究比较少见；③现有关于随机退化路网、双参考点 CATPV 择路模型、ATIS 渗透率和可靠性的相关研究比较分散，未见涵盖以上所有内容的研究。针对这些问题，本书结合随机退化路网和双参考点 CATPV 择路模型，研究了多类用户下 ATIS 渗透率对路径、OD 和整个系统可靠性的影响，并设计了收敛算法。在此基础上分析了 ATIS 渗透率对有限理性用户路径、OD 和整个系统可靠性的影响，可以更加精确地对不确定环境下的城市交通系统可靠性进行不同层面的描述。本书可为普通用户择路和城市交通网络规划提供信息支持。

第一节 模型构建

一、行程时间可靠性度量模型

参数设置和基础模型仍沿用第五章构建的考虑随机路网能力退化的连续双参考点用户均衡模型。对基于 CATPV 择路模型的路径、OD 和整个系统可靠性进行测算。当 CATPV 择路模型最优参考点生成时，用户最优可靠性为外生可靠性要求 σ，表示不迟到的最低概率。路网流量均衡后，可测得 OD 对 w 之间路径 k 的可靠性为

$$R_k^w = \Pr[t_k^w \leqslant \overline{T}^w - \underline{T}] \tag{8-1}$$

部分研究认为同一 OD 之间的不同路径存在并联关系，因此当路径可靠性为 R_k^w 时，OD 可靠性为 $R^w = 1 - \prod_{k \in K^w}(1 - R_k^w)$，这是对并联系统可靠性模型的误用。由于 $\lim_{m\to\infty} R^w = \lim_{m\to\infty}\left[1 - \prod_{k=1}^{m}(1 - R_k^w)\right] = 1, 0 \leqslant R_k^w \leqslant 1$，则当 OD 间路径数量较多时，无论

路径可靠性大小，OD 可靠性总能够接近于 1，与实际不符。因此，该模型仅适用于测算 OD 间的连通概率，而并不适宜计算用户可靠性。

站在用户角度，测算 OD 行程时间平均可靠性更适于采用基于路径流量的加权平均可靠性，其实际意义为 OD 间每个出行者可靠性的平均期望。因此有

$$R^w = \sum_{k\in K^w} R_k^w f_k^w \Big/ \sum_{k\in K^w} f_k^w \tag{8-2}$$

$$R = \sum_{w\in W} R^w Q^w / Q \tag{8-3}$$

式中，f_k^w 为 OD 对 w 间路径 k 的流量；Q^w 为 OD 对 w 间的需求。

二、考虑 ATIS 渗透率的多用户均衡模型

假设路网中有两类用户：用户类 I 为双参考点的有限理性出行者，其择路模型基于 CATPV 到达时间感知价值 $V_{\text{CATPV}}^{w,k}$ 最大化；用户类 II 为持有 ATIS 引导客户端的出行者，在 ATIS 引导下，其择路模型基于行程可靠性期望 R_k^w 最大化。$\varGamma$ 为 ATIS 渗透率，即所有出行者中持有 ATIS 客户端者的比例。

当网络均衡时，多类 UE 模型均衡条件如下：

$$V_{\text{CATPV}}^{w,k} = V_{\text{CATPV}}^{w} = \text{MAX}\{V_{\text{CATPV}}^{w,k}\},\quad f_{\text{I}}^{w,k} > 0 \tag{8-4}$$

$$V_{\text{CATPV}}^{w,k} < V_{\text{CATPV}}^{w} < \text{MAX}\{V_{\text{CATPV}}^{w,k}\},\quad f_{\text{I}}^{w,k} = 0 \tag{8-5}$$

$$R_k^w = R^w = \text{MAX}\{R_k^w\},\quad f_{\text{II}}^{w,k} > 0 \tag{8-6}$$

$$R_k^w < R^w = \text{MAX}\{R_k^w\},\quad f_{\text{II}}^{w,k} = 0 \tag{8-7}$$

$$f_{\text{I}}^{w,k} + f_{\text{II}}^{w,k} = f_k^w \tag{8-8}$$

$$\sum_{k\in K^w} f_i^{w,k} = Q_i^w,\quad i = \text{I},\text{II} \tag{8-9}$$

$$\sum_{a\in A^k} f_k^w (\delta_a^{w,k})^{\text{T}} = x_a \tag{8-10}$$

$$Q_{\text{I}}^w = (1-\varGamma)Q^w \tag{8-11}$$

$$4\,Q_{\text{II}}^w = \varGamma Q^w \tag{8-12}$$

式（8-4）、式（8-5）为第 I 类用户 CATPV 值最大择路模型。式（8-6）、式（8-7）为第 II 类用户可靠性期望最大择路模型。式（8-8）为两类用户路径流量与路径总流量之间的关系。式（8-9）为两类用户路径流量与 OD 需求之间的关系。式（8-10）为路径流量与路段流量之间的关系（$\delta_a^{w,k}$ 为路径-路段关系

矩阵）。式（8-11）、式（8-12）为需求总量 Q^w 与 ATIS 渗透率 Γ 下两类用户出行需求。

为证明以上多类用户均衡模型［式（8-4）～式（8-12）］存在可行解，令向量 $f^*=\{f_{\mathrm{I}}^{w,k*}+f_{\mathrm{II}}^{w,k*}\}$，$V_{\mathrm{CATPV}}^{w}(f_{\mathrm{I}}^{w,k*})=\{V_{\mathrm{CATPV}}^{w}(f_{\mathrm{I}}^{w,k*})\}$，$R^w(f_{\mathrm{II}}^{w,k*})=\{R^w(f_{\mathrm{II}}^{w,k*})\}$ 分别为均衡时的路径流量、第一类用户 CATPV 值和第二类用户可靠性预期，将上述用户均衡条件转化为一个有限维的 VI 问题。即 $V_{\mathrm{CATPV}}^{w}(f_{\mathrm{I}}^{w,k*})(f_{\mathrm{I}}-f_{\mathrm{I}}^{w,k*})\leqslant 0$，$\forall f\in\Omega_{\mathrm{I}}$，$R^w(f_{\mathrm{II}}^{w,k*})(f-f_{\mathrm{II}}^{w,k*})\leqslant 0$，$\forall f_{\mathrm{II}}\in\Omega_{\mathrm{II}}$，可行域 $\Omega_{\mathrm{I}}=\left\{f_{\mathrm{I}}^{w,k}\mid f_{\mathrm{I}}^{w,k}\geqslant 0,\sum_{k\in K^w}f_{\mathrm{I}}^{w,k}=Q_{\mathrm{I}}^{w}\right\}$，$\Omega_{\mathrm{II}}=\left\{f_{\mathrm{II}}^{w,k}\mid f_{\mathrm{II}}^{w,k}\geqslant 0,\sum_{k\in K^w}f_{\mathrm{II}}^{w,k}=Q_{\mathrm{II}}^{w}\right\}$，$Q^w=Q_{\mathrm{I}}^{w}+Q_{\mathrm{II}}^{w}$，$f^*$ 即 VI 问题的均衡解。

第二节　求 解 算 法

基于相继平均法求解以上多类用户均衡模型。

具体算法步骤总结如下。

（1）初始化：根据 ATIS 渗透率 Γ 将 OD 需求划分为两类，定义所有 OD 对可行路径集，并设置最大迭代次数 N_{MAX} 和收敛指标 ε。在零流状态下计算各路径 CATPV 和可靠性值。对两类用户分别执行 0-1 加载，获得初始路段流量 $x_{a,i}^{0},i=\mathrm{I},\mathrm{II}$，计算路段总流量 $x_a^0=x_{a,\mathrm{I}}^{0}+x_{a,\mathrm{II}}^{0}$，置 $n=1$。

（2）计算路径 CATPV 和可靠性：更新路径流量，获得新的路径累积到达时间感知价值 $V_{\mathrm{CATPV}}^{w,k}$ 和可靠性 R_k^w。

（3）方向搜索：根据现有 $V_{\mathrm{CATPV}}^{w,k}$ 和 R_k^w，分别针对两类用户执行需求为 Q_{I}^{w} 和 Q_{II}^{w} 的 0-1 加载，得到两类用户新的路段流量 $\{y_{a,\mathrm{I}}^{n}\}$ 和 $\{y_{a,\mathrm{II}}^{n}\}$，以及 $y_a^n=y_{a,\mathrm{I}}^{n}+y_{a,\mathrm{II}}^{n}$。

（4）“相继平移”：$x_a^{n+1}=x_a^n+\dfrac{1}{n}(y_a^n-x_a^n),\quad\forall a$。

（5）检查收敛性：计算 $E(x_a)=\dfrac{\sqrt{\sum_a(\overline{x}_a^n-\overline{x}_a^{n+1})^2}}{\sum_a\overline{x}_a^n}$，取后三次路段平均流量构造收敛判断函数，即 $\overline{x}_a^n=\dfrac{\sum_{l=0}^{3}x_a^{n-l}}{3}$。$E(x_a)\leqslant\varepsilon$ 时算法终止，否则转下一步。

（6）迭代次数判断：迭代次数 $n > N_{\text{MAX}}$ 时算法终止，否则转第（2）步，置 $n = n+1$。

第三节　数 值 算 例

采用本书提出的多类用户均衡模型对 Nguyen&Dupuis 路网进行分析。算例路网参数如表 6-1 所示，全网共 13 个节点，19 个路段，4 个 OD 对（1-2、1-3、3-2、3-3），路段时间模型采用随机退化 BPR 模型，参数为 $t_a^0 = [7,9,9,12,3,9,5,13,5,9,9,10,9,6,9,8,7,14,11]$、$\overline{C_a} = 100 \times [3,2,2,2,3.5,4,5,2.5,2.5,3,5,5.5,2,4,3,3,2,3,2]$、$\theta = 0.8$、$\lambda = 0.15$、$\beta = 4$。在设置参考点求解 CATPV 值时，相关参数有 $\rho = 0.8$、$\phi = 0.045$、$\vartheta = [0.69,0.69,0.74,0.74]$、$\tau = [-2.25,1.00,2.54,-5.71]$、$\alpha = [0.52,0.52,0.52,0.52]$。确定参考点时，相关参数有 $\gamma = 1.5$、$\underline{T} = 0$、$\overline{T} = 100T^* = 15$。

Nguyen&Dupuis 路网中共有 4 组 OD 对，通过深度优先搜索获得每组 OD 对可行路径集如表 6-1 所示。由此可构建路网中各 OD 对的路径–路段关系矩阵 $\delta_{a,k}^w$。

经检验，本书采用的多类用户均衡模型算法能够有效获得路网均衡，以 $\Gamma = 0$，$\varpi = 0$，OD 对需求矩阵 Q 为例，此时路段流量均衡算法收敛到图 8-1 所示的状态。图 8-1 中横坐标为配流计算次数，纵坐标为不同计算次数时对应的各路段均衡流量（单位：辆）。可见，在配流 100 次之后，路网交通流逐渐达到均衡状态。

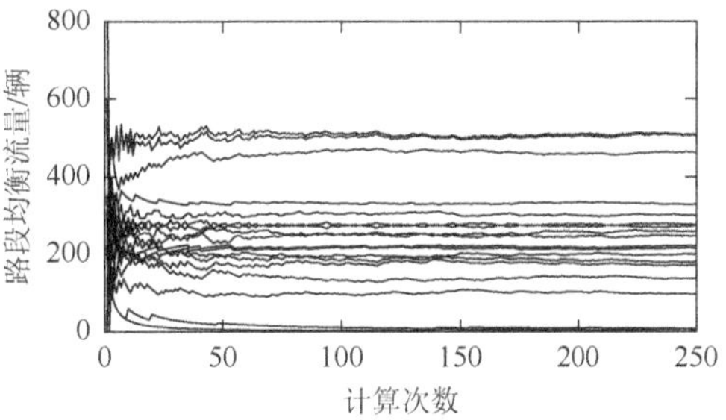

图 8-1　流量均衡算法收敛图

下面分析不同路网拥挤程度和出行紧迫性背景下 ATIS 渗透率对用户可靠性的影响，由于篇幅所限，仅列出路径 5、OD2 和整个系统的可靠性图，如需其他路径或 OD 的可靠性图，请与作者联系。在路网条件不变的情况下，出行总需求的大小与路网拥挤程度显著相关，令较小需求、中度需求和较大需求时 OD 需求矩阵分别

为 Q、$1.5Q$ 和 $2Q$。令出行时间约束 $T=(1-0.05\varpi)(\bar{T}-\underline{T}),\quad \varpi\in[0.00,15.00]$，$\varpi$ 为出行时间约束系数。因此，$T\in[25,100]$，且 T 关于 ϖ 单调递减。ATIS 渗透率取值分别为 $\Gamma\in\{0.0,0.5,1.0\}$，分别表示全部为第Ⅰ类用户，两类用户数量相等以及全部为第Ⅱ类用户时的情境。

图 8-2 由左至右三幅子图分别显示了从小到大不同需求下路径 5 的行程时间可靠性及其变化情况。总体而言，随着出行时间约束系数的增加，出行时间逐渐紧迫，可靠性阶段性下降。出行时间约束系数将出行时间可靠性分为三个区间：完全可靠区间（$R_5^1\approx 1$）、可靠性下降区间（$R_5^1\in(0,1)$），以及不可靠区间（$R_5^1\approx 0$）。当较小需求时，路径非常通畅，完全可靠区间阈值 $\underline{\varpi}_{\text{path}5}^{Q}=10.00$，此区间出行时间约束 $T\in[50,100]$，不可靠区间阈值 $\bar{\varpi}_{\text{path}5}^{Q}=13.00$，此时出行时间约束 $T=[25,35)$，当 $\varpi_{\text{path}5}^{Q}\in[10.00,13.00]$ 时，$T=[35,50)$，路径可靠性迅速下降。与之相似的是，当需求总量增加、拥堵程度上升时，出行时间约束系数依然能够将路径 5 的可靠性划分为三个类似的区域。当中度需求时，出行需求增加为 $1.5Q$，可靠性区间阈值左移，说明随着路段拥堵程度增加，即使出行时间约束 T 更长，路径可靠性也可能迅速下降，此时可靠性区间阈值 $\underline{\varpi}_{\text{path}5}^{1.5Q}=5.00$，$\bar{\varpi}_{\text{path}5}^{1.5Q}=10.00$，可靠性迅速下降区域 $T=[50,75)$。当较大需求时，路径严重拥堵，$T=[0,100]$ 范围内行程时间完全可靠区间不存在，整个时间段由 $\underline{\varpi}_{\text{path}5}^{2Q}=5.00$ 分为两个区域，当 $T=[75,100)$ 时，可靠性下降，当 $T<75$ 时，$R_5^1\approx 0$，路径 5 行程时间完全不可靠。

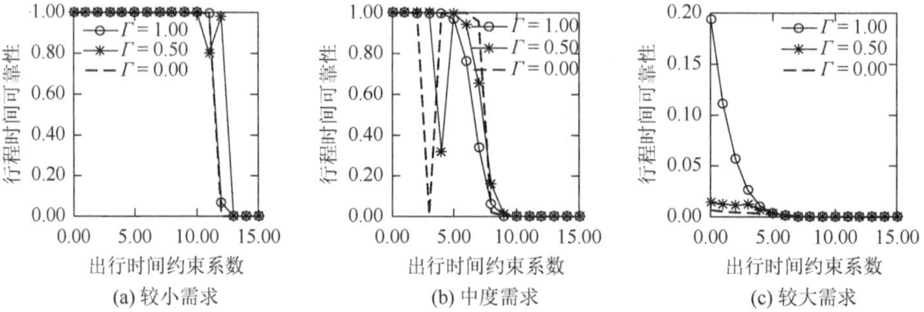

图 8-2　路径 5 行程时间可靠性

与图 8-2 相似，图 8-3 由左至右三幅子图分别显示了从小到大不同需求下 OD2 的行程时间可靠性及其变化情况。出行时间约束系数同样可将行程时间可靠性分为完全可靠区间、可靠性下降区间和不可靠区间共三个区间。当较小需求时，区间阈值分别为$\underline{\varpi}_{\text{OD2}}^{Q}=9.00$以及$\overline{\varpi}_{\text{OD2}}^{Q}=12.00$，当$\varpi_{\text{path5}}^{Q}\in[9.00,12.00]$时，$T=[40,55]$，OD 可靠性迅速下降。当中度需求时，可靠性区间阈值$\underline{\varpi}_{\text{OD2}}^{1.5Q}=4.00$，$\overline{\varpi}_{\text{OD2}}^{1.5Q}=8.00$，可靠性迅速下降区域$T=[60,80]$。当较大需求时，路径严重拥堵，可靠性非常小，整个时间段由$\underline{\varpi}_{\text{OD2}}^{2Q}=3.00$分为两个区域，当$T=[85,100]$时，可靠性下降，当$T<85$时，$R^2\approx 0$，OD2 行程时间完全不可靠。

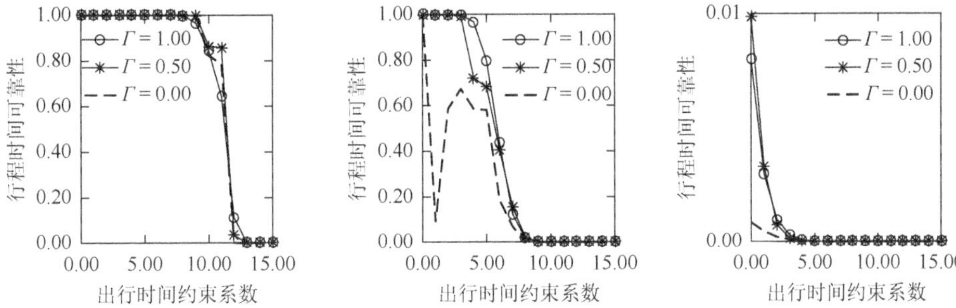

(a) 较小需求　　(b) 中度需求　　(c) 较大需求

图 8-3　OD2 行程时间可靠性

与图 8-2 和图 8-3 相似，图 8-4 由左至右三幅子图分别显示了从小到大不同需求下整个系统的行程时间可靠性及其变化情况。当较小需求时，出行时间约束系数同样将出行时间可靠性分为三个区间。区间阈值分别为$\underline{\varpi}_{\text{network}}^{Q}=9.00$以及$\overline{\varpi}_{\text{network}}^{Q}=14.00$。当中度需求时，可靠性区间阈值$\underline{\varpi}_{\text{network}}^{1.5Q}=11.00$，当$T=[85,100]$时，可靠性随出行紧迫程度增加而下降，当$T<45$时，可以认为$R\approx 0$，系统行程时间完全不可靠。当较大需求时，整个路网严重拥堵，可靠性非常低，当$\varpi_{\text{network}}^{2Q}\leqslant 5.00$，$T\geqslant 75$时，可靠性下降，当$T<75$时，系统行程时间完全不可靠。

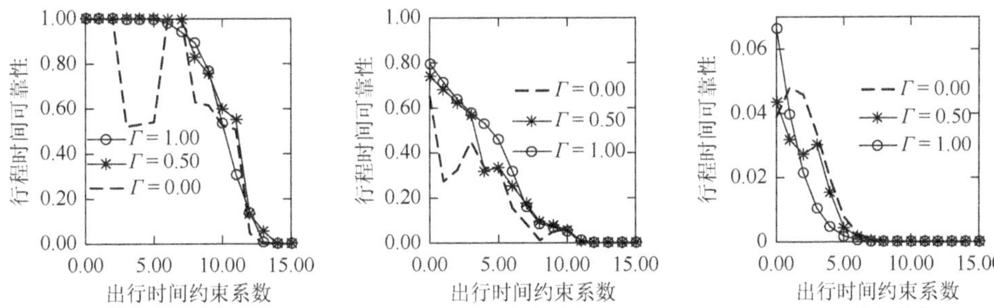

(a) 较小需求　　(b) 中度需求　　(c) 较大需求

图 8-4　系统行程时间可靠性

综合图 8-2～图 8-4 可以得出以下结论。

（1）两类出行者（双参考点累积前景出行者与可靠性偏好出行者）可靠性曲线形状总体相似，说明双参考点累积前景出行者在择路时确实考虑了可靠性。

（2）在非拥堵状态下，ATIS 渗透率的增加能够提高系统可靠性，并明显改善可靠性曲线的稳定性。但拥堵程度较高时，较高的渗透率反而可能降低部分用户可靠性值。

（3）即使用户分散择路时将可靠性作为重要参数，但由于大量用户相互影响，均衡时，用户并不一定能够达到自己的可靠性预期。未出现拥堵时，携带 ATIS 客户端有利于使出行个体获得更高、更稳定的可靠性。但拥堵状态下，50%渗透率有助于提高携带 ATIS 客户端的用户的可靠性，但 100%渗透率可能降低用户可靠性。

（4）对于整个 OD 或者交通系统而言，ATIS 渗透率的增加不仅有助于在拥堵时提升 OD 用户群和整个系统的可靠性，更能够在非拥堵时获得稳定的可靠性。由于稳定的可靠性曲线对路网交通参数预测和交通系统规划具有重要的意义，建议城市交通规划管理部门综合各种手段（公开数据接口、降低 ATIS 使用成本、广泛宣传等），增加用户 ATIS 渗透率。

本章小结

本章基于随机路网和双参考点 CATPV 择路模型，研究了不同 ATIS 渗透率对路径、OD 和整个系统可靠性的影响，并针对传统 OD 可靠性算法的缺陷，采用了基于路径均衡流量的 OD 可靠性算法。最后基于 Nguyen&Dupuis 路网分析了不同 ATIS 渗透率对可靠性的影响。研究表明，无论路径和 OD，还是整个路网：通畅时，高渗透率能提高系统可靠性，并增加可靠性曲线的稳定性；但拥堵时，一定比例的渗透率能增加可靠性值，而 100%渗透率反而可能降低系统可靠性。因此，分散决策用户并不能保证其可靠性达到择路时的要求，非拥堵时 ATIS 渗透率的增加有利于改善路径、OD 和整个系统的可靠性，但拥堵时高渗透率可能不利于系统稳定性的提高。

第九章　结论与展望

第一节　主要研究结论

本书综合计量经济学、行为经济学、交通网络均衡、交通政策分析等基础理论，展开了基于双参考点累积前景择路行为和随机通行能力退化路网的城市低碳交通体系治理政策分析，并在此基础上提出了促进我国城市低碳交通体系治理的制度与政策建议。纵览本书全部内容，以逐层递进的结构，逐步开展了有限理性个体出行行为决策机制分析和关键影响因素识别、基于累积前景理论的双参考点有限理性出行者择路行为建模、基于随机通行能力退化交通网络的有限理性用户均衡分析、基于有限理性用户网络均衡的交通治理政策研究和以重庆市私家车碳排放收费为例的城市低碳交通体系治理政策等研究。研究的目的在于促进我国城市低碳交通体系治理的制度与政策设计，为我国大型、超大型城市的低碳交通体系治理提供理论和信息支持。研究主要包含以下工作。

（1）梳理了有限理性出行者行为决策机制，识别了有限理性出行者行为决策关键影响因素，并检验了外生政策对有限理性个体出行者行为决策引导的有效性。

首先，在相关研究评述和影响机理分析的基础上分别提出了 6 个相关研究命题，并构建了个体出行决策影响机理逻辑模型，从个体出行行为决策视角出发，探讨了出行决策的形成和演化过程。

其次，结合行为经济学、消费者选择理论以及有限理性理论对城市居民低碳出行倾向影响因素进行了研究。采用探索性因子分析与验证性因子分析相结合的方法，归纳与总结了城市居民低碳出行倾向六类影响因素。在此基础上，采用心理学研究常用的假设检验方法，对模型的重要参数进行了标定。

最后，验证了学习能力和有限理性是外生政策影响个体低碳出行倾向形成和固化的重要中介，情境依赖能够对学习能力的中介效应产生调节。具体而言，高情境依赖时，学习能力的中介效应不显著，但中、低度情境依赖时，学习能力的中介效应非常显著。在此基础上，探讨了情境依赖和学习能力对个体出行决策的影响作用与机理，分析了外生政策分别通过情境依赖和学习能力对个体出行决策产生的影响，以及情境依赖对学习能力影响的调节作用。

本部分的研究有助于理解个体交通行为决策过程，提炼个体交通行为决策关键影响因素，为后续进一步的个体交通行为建模和仿真提供理论依据。

（2）构建了基于双参考点累积前景择路模型和随机通行能力退化交通网络的有限理性用户均衡模型。

主要对基于有限理性的双参考点交通行为个体的择路决策进行了建模和仿真，并在通行能力随机退化的交通网络中完成了网络均衡计算和参数分析。

首先，基于连续分布的路网能力退化范围，构造随机路段时间分布期望和方差，设置累积到达时间感知价值函数的连续双参考点，并以累积到达时间感知价值最大作为择路准则，构建了用户均衡模型，对解的存在性进行了证明。并用算例分析了路网能力退化下限和路段设计能力上限等模型重要的外生参数的取值范围，讨论了用户均衡时路网能力退化下限对路径时间期望、标准差、最佳到达时间参考点、最早到达时间参考点、累积到达时间感知价值和路网均衡流量分布的影响。

其次，提出了相应的系统效率分析模型，设计了基于 MSA 和 Frank-Wolfe 法的嵌套算法，分析了系统效率。发现在一个存在外部客观随机性（随机能力退化）的路网中，管理者虽然能通过各种手段促使整个系统的期望时间最低，但仍不能进一步减小标准差，系统行程时间不确定性较大。

本部分为后续研究中交通引导政策效果分析提供基础模型、算法和环境。

（3）开展了基于有限理性用户均衡的交通治理政策仿真与分析。

基于之前构建的交通体系环境、模型和算法，对常见的城市交通治理政策进行了仿真、优化和分析。

首先，针对城市交通动态碳排放收费问题，构建了多准则择路模型。并以此为底层用户构建了多准则双层规划模型，研究以系统碳排放总量最小为目标的收费路段识别与收费标准优化问题，并设计了基于路段碳密度的启发式算法。数值仿真实验结果表明，利用本部分提出的多准则双层规划模型设计路段收费方案，能够在满足需求的基础上有效降低系统的碳排放总量。但过高的收费标准将损害路网关键部分的连通性，可能反而使全网碳排放总量上升。

其次，针对 ATIS 引导系统对系统可靠性的影响进行了研究。研究针对传统 OD 可靠性算法的缺陷，采用基于路径均衡流量的 OD 可靠性算法。本部分基于 Nguyen&Dupuis 路网分析了不同 ATIS 渗透率对可靠性的影响。研究表明，无论路径、OD，还是整个系统；通畅时，高渗透率能提高系统可靠性，并增加可靠性曲线的稳定性；但整个路网拥堵时，一定比例的渗透率能增加可靠性值，而 100% 渗透率反而可能降低系统可靠性。因此，分散决策用户并不能保证其可靠性达到择路时的要求，非拥堵时 ATIS 渗透率的增加有利于改善路径、OD 和整个系统的可靠性，但整个路网拥堵时，高渗透率可能不利于系统稳定性提高。

本书的计算结果能够在一定程度上证明城市交通治理政策的影响作用方向和影响力，但为了提高政策模拟的针对性，在实际应用中有必要对具体路网和出行者进行深入的调查与分析，以对本书提出的交通治理政策仿真优化模型进行参数修正，确保模型的应用效果。

第二节　研究展望

基于有限理性出行行为引导的城市低碳交通体系治理研究是一项全新而又复杂的研究课题。为了加速城市低碳交通体系治理研究的发展，需要进一步完善出行行为个体择路决策、不确定城市交通网络，以及城市低碳交通体系治理政策等研究领域之间的相互衔接，并探索设计更为科学的城市低碳交通体系治理制度与政策。尽管本书对基于有限理性出行行为引导的城市低碳交通体系治理展开了较为系统的研究，取得了一定的研究成果，但由于水平及时间限制，尚有一些问题有待进一步解决，主要包括以下两个方面。

（1）研究视域方面。本书以城市低碳交通体系治理为主要研究问题，将基于累积前景理论的双参考点有限理性出行行为个体决策模型与随机通行能力退化的城市交通网络相结合，设计出能够对城市低碳交通体系治理政策进行优化设计、对政策效果进行测量与评价的仿真平台。尽管城市交通网络和出行行为人的特征存在异质性，但由于篇幅所限，本书主要基于 Nguyen&Dupuis 路网，针对部分出行个体的有限个行为特征进行模拟、仿真与优化。因此，今后可针对其他城市交通网络和个体出行行为影响因素进行建模、仿真与优化研究，对不同城市和居民背景下的低碳城市交通体系治理政策进行深入的分析，以进一步提高城市低碳交通体系治理的针对性和政策效果。

（2）研究方法方面。一是，由于受到人力、物力及财力的限制，针对有限理性出行行为决策机理和关键影响因素的案例数据主要来自重庆市，研究方法主要为结合文献元分析的街头访谈和问卷调查。因此，本书存在一定的地域局限性，涉及的城市低碳交通体系治理政策可能难以直接推广到其他地区，今后可扩大研究地域范围，开展不同区域出行者行为决策影响因素的比较研究。二是，关于基于累积前景理论的双参考点有限理性出行者择路模型参数还可以进一步细化。在后续研究中，可综合考虑其他影响因素，提高有限理性出行者择路模型对现实出行个体描绘的准确性。三是，对城市低碳交通体系治理政策措施的研究有限。尽管现有城市低碳交通体系治理政策丰富多样，但由于篇幅限制，本书仅针对行程时间价值和行程时间可靠性两大决策影响因素，分析了两类政策，包括交通碳排放收费和 ATIS 引导等策略。今后可以在本书构建的基于累积前景理论的双参考点有限理性出行者择路模型和随机通行能力退化交通网络平台的基础上，针对可变车道与信号控制、动态公交车道、可交易路票、动态转向限制、动态停车费以及公交调度优化等策略进行仿真、优化与分析，研究不同城市低碳交通体系治理政策的效果。

参考文献

蔡博峰，曹东，刘兰翠，等. 2011. 中国交通二氧化碳排放研究. 气候变化研究进展，7(3)：197-203.

曹小曙，杨文越，黄晓燕. 2015. 基于智慧交通的可达性与交通出行碳排放——理论与实证. 地理科学进展，34（4）：418-429.

柴彦威，肖作鹏，刘志林. 2012. 居民家庭日常出行碳排放的发生机制与调控策略——以北京市为例. 地理研究，31（2）：334-344.

陈飞，诸大建，许琨. 2009. 城市低碳交通发展模型，现状问题及目标策略——以上海市实证分析为例. 城市规划学刊，（6）：39-46.

陈国权. 2008. 复杂变化环境下人的学习能力：概念、模型、测量及影响. 中国管理科学，16(1)：147-157.

陈坚. 2012. 出行行为与公交定价理论及应用研究. 成都：西南交通大学.

陈坚，杨飞，晏启鹏. 2012. 多方式复合城市交通网络弹性需求随机用户平衡分配模型. 计算机应用研究，29（10）：3693-3696.

陈雷，林柏梁，王龙，等. 2015. 基于碳减排政策的多式联运运输方式选择优化模型. 北京交通大学学报，2015，39（3）：70-75.

陈立泰，张军委，万丽娟. 2010. 重庆市碳排放量测度及影响因素分析：1998～2008. 探索，(3)：108-112.

陈玲娟，代炯，胡胜，等. 2016. 基于出行时间预算的有限理性出行者路网均衡模型. 计算机工程与科学，38（10）：2051-2057.

陈劭锋，刘扬，邹秀萍，等. 2010. 二氧化碳排放演变驱动力的理论与实证研究. 科学管理研究，28（1）：43-48.

陈泽. 2012. 公共交通基础设施治理机制研究——基于合作治理的理论. 天津：天津商业大学.

董锋. 2012. 中国能源效率的系统分析. 北京：经济科学出版社.

范晓屏，卢艳峰，韩红叶. 2016. 网购信息环境对消费者决策过程的影响：基于有限理性视角. 管理工程学报，30（2）：38-47.

冯相昭，蔡博峰. 2012. 中国道路交通系统的碳减排政策综述. 中国人口·资源与环境，22（8）：10-15.

葛芳. 2011. 大城市地面公交优先技术策略模型与实证研究. 北京：北京交通大学.

龚咏喜，李贵才，林姚宇，等. 2013. 土地利用对城市居民出行碳排放的影响研究. 城市发展研究，20（9）：112-118.

郭仁拥，黄海军. 2008. ATIS 环境下交通配流的动态演化模型. 管理科学学报，11（2）：12-19.
韩凌辉. 2014. 多种交通网络条件下出行者的出行选择行为分析. 北京：北京交通大学.
韩秀竹. 2015. 基于 SEM 的出行择路准则异质性的实证研究. 南京：南京大学.
韩印，袁鹏程. 2008. 多用户多方式混合随机交通平衡分配模型. 交通运输工程学报，8（1）：97-101.
何明，过秀成，冉江宇，等. 2010. 基于非集计 MNL 模型的轨道交通方式预测. 交通运输系统工程与信息，10（2）：136-142.
黄海军. 2003. 拥挤道路使用收费的研究进展和实践难题. 中国科学基金，17（4）：198-203.
黄经南，黄小康，高浩武. 2015. 城市家庭日常出行碳排放的影响因素——以武汉市为例. 城市问题，（5）：66-76.
黄晓燕，李沛权，曹小曙. 2014. 广州社区居民通勤碳排放特征及其影响机理. 城市环境与城市生态，27（5）：32-38.
黄宗盛，聂佳佳，赵映雪. 2016. 基于有限理性消费者的竞争性退款保证策略. 中国管理科学，24（1）：116-123.
贾培培. 2012. 城市交通碳排放分析及实证研究. 价值工程，31（32）：290-291.
蒋晶晶. 2013. 基于有限理性重复博弈理论的碳配额分配机制研究. 开放导报，（3）：18-35.
金楠. 2013. 大城市居民低碳出行方式选择影响因素研究. 重庆：重庆交通大学.
隽志才，李志瑶，宗芳. 2005. 基于活动链的出行需求预测方法综述. 公路交通科技，22（6）：108-113.
兰梓睿，张宏武. 2014. 中国交通运输业碳排放效率的省际差异研究. 物流技术，33（4）：132-135.
李广海. 2007. 基于有限理性的投资决策行为研究. 天津：天津大学.
李欢，朱建军，张世涛. 2016. 考虑双参照点累积前景理论的风险型群决策方法. 运筹与管理，（3）：117-124.
李健，刘鸿远. 2014. 城市交通低碳发展的对策研究——以天津市为例. 生态经济，30（2）：154-157.
李立峰，胡静，邵丹. 2012. 上海迎世博轨道交通快速发展的碳减排效益. 中国环境科学，2012，32（6）：1141-1147.
李云燕，赵国龙. 2015. 中国低碳城市建设研究综述. 生态经济，31（2）：36-43.
李振宇，陈徐梅，江玉林，等. 2011. 城市客运节能的政策选择. 城市交通，9（1）：52-57，71.
李志瑶，隽志才，宗芳. 2005. 居民出行时间选择及拥挤收费政策. 交通运输工程学报，5（3）：105-110.
刘炳全，黄崇超. 2014. 环境容量约束下停车控制交通需求拥挤管理模型设计. 统计与决策，（9）：58-61.
刘春兰，陈操操，陈群，等. 2010. 1997 年至 2007 年北京市二氧化碳排放变化机理研究. 资源科学，32（2）：235-241.
刘红光，刘卫东. 2009. 中国工业燃烧能源导致碳排放的因素分解. 地理科学进展，28（2）：

285-292.
刘诗序，关宏志，严海. 2012. 预测信息下的驾驶员逐日路径选择行为与系统演化. 北京工业大学学报，38（2）：269-274.
刘爽，赵明亮，包姹娜，等. 2015. 基于交通结构发展情景分析的城市交通碳排放测算研究. 交通运输系统工程与信息，15（3）：222-227.
刘蔚. 2014. 城市居民低碳出行的影响因素及引导策略研究. 北京：北京理工大学.
刘文宇. 2010. 北京市发展低碳交通的前景分析. 综合运输，32（9）：37-40.
刘有军，田聪. 2013. 不同路网形态下城市交通拥堵特性分析. 中国公路学报，26（1）：163-169，190.
陆佳佳，干宏程. 2013. 购物出行交通方式选择的影响因素分析. 交通与运输（学术版），（2）：15-18.
马静，柴彦威，刘志林. 2011. 基于居民出行行为的北京市交通碳排放影响机理. 地理学报，66（8）：1023-1032.
欧阳斌，郭杰，李忠奎，等. 2014. 中国交通运输低碳发展的战略构想. 中国人口•资源与环境，171（3）：1-4.
秦萍，陈颖翱，徐晋涛，等. 2014. 北京居民出行行为分析：时间价值和交通需求弹性估算. 经济地理，34（11）：17-22.
任纪佼，高丽洁，冯银厂. 2015. 天津市交通碳排放结构分析与低碳交通发展探讨. 环境污染与防治，37（8）：96-99.
施晓清，李笑诺，杨建新. 2013. 低碳交通电动汽车碳减排潜力及其影响因素分析. 环境科学，34（1）：385-394.
史建，张晓东，陈体江. 2009. 多方式多类型交通分配模型（MMA）在收费型公路网中的应用研究. 山东交通科技，（1）：22-25.
四兵锋，杨小宝，高亮，等. 2010. 基于出行需求的城市多模式交通配流模型. 中国公路学报，23（6）：85-91.
苏涛永，张建慧，李金良，等. 2011. 城市交通碳排放影响因素实证研究——来自京津沪渝面板数据的证据. 工业工程与管理，16（5）：134-138.
孙建卫，赵荣钦，黄贤金，等. 2010. 1995—2005 年中国碳排放核算及其因素分解研究. 自然资源学报，（8）：1284-1295.
田丽君，吕成锐，黄文彬. 2016a. 基于累积前景理论的合乘行为建模与研究. 系统工程理论与实践，36（6）：1576-1584.
田丽君，杨茜，黄海军，等. 2016b. 基于累积前景理论的出行方式选择模型及实证. 系统工程理论与实践，36（7）：1778-1785.
万春华. 2015. 考虑网络交通特征和出行者选择行为特点的 Day-to-Day 动态交通网络模型研究. 北京：北京交通大学.
汪景，张小宁. 2015. 停车受限条件下多模式交通网络动态拥挤收费. 系统工程理论与实践，

35（12）：3182-3191.
王博彬，邵春福，孙轶轩，等. 2014. 多方式交通信息条件下节假日出行行为研究. 交通运输系统工程与信息，14（1）：229-234.
王迪晨. 2012. 公共品理论视角下城市交通治理研究. 南昌：江西财经大学.
王建伟，李娉，高洁. 2012. 中国交通运输碳减排区域划分. 长安大学学报（自然科学版），32（1）：72-79.
王茜，张建慧. 2012. 基于“脱钩”理论的城市低碳交通模式研究. 经济论坛，（4）：150-152.
王倩，周晶，徐薇. 2013. 基于累积前景理论考虑路网通行能力退化的用户均衡模型. 系统工程理论与实践，33（6）：1563-1569.
王宇飞，李惠民，齐晔. 2016. 交通出行需求对碳排放的影响及贡献. 生态经济，32（9）：32-35.
吴娇蓉，华陈睿，王达琳. 2014. 居住区3类典型公共设施布局对慢行出行行为的影响分析. 东南大学学报（自然科学版），44（4）：864-870.
吴信才，杨林，周顺平，等. 2008. 支持多模式的复合交通网络模型研究. 武汉大学学报（信息科学版），33（4）：341-346.
谢绍东，宋翔宇，申新华. 2006. 应用COPERTⅢ模型计算中国机动车排放因子. 环境科学，27（3）：415-419.
熊丽音，陆锋，陈传彬. 2008. 城市多模式交通网络特征连通关系表达模型. 武汉大学学报（信息科学版），33（4）：393-396.
熊伟，严新平. 2009. 基于路径的算法求解考虑排放的交通分配模型. 交通运输工程学报，9（3）：71-75，97.
徐国泉，刘则渊，姜照华. 2006. 中国碳排放的因素分解模型及实证分析：1995-2004. 中国人口 • 资源与环境，16（6）：158-161.
徐红利. 2011. 基于有限理性的城市交通系统均衡与拥挤收费策略研究. 南京：南京大学.
徐红利. 2013. 城市交通流系统分析与优化. 南京：南京大学出版社.
徐昔保，陈爽，杨桂山. 2014. 长三角地区城市居民出行交通碳排放特征与影响机理. 长江流域资源与环境，23（8）：1064-1071.
徐雅楠，杜志平. 2011. 我国交通运输业的碳排放测度及因素分解. 物流技术，30（6）：16-18.
许秀川，罗倩文. 2008. 重庆市产业结构、能源消费与经济增长关系的实证研究. 西南大学学报（自然科学版），30（1）：160-164.
许振宇，沈慧迪. 2014. 网购消费行为中的“有限理性”问题. 石家庄经济学院学报，37（4）：69-74.
杨露萍. 2014. 小汽车通勤出行方式向公共交通转移模型研究. 北京：北京交通大学.
杨冉冉，龙如银. 2014. 基于扎根理论的城市居民绿色出行行为影响因素理论模型探讨. 武汉大学学报（哲学社会科学版），67（5）：13-19.
杨上广，王春兰，刘淋. 2014. 上海家庭出行碳排放基本特征、空间模式及影响因素研究. 中国人口·资源与环境，24（6）：148-153.
要甲，史峰，周钊，等. 2011. 基于出行时间预算的多模式多类用户城市交通均衡分析. 中南大学学报（自然科学版），42（11）：3572-3577.
袁春毅，徐洪磊，信红喜. 2021. 以碳达峰为导向，协同治理城市交通. 中国交通报，2021-7-26（003）.
袁乐平，王安琪. 2015. 认知偏差对知识型员工流动决策影响研究——基于前景理论参照点. 中国劳动，（8）：79-84.
张凡. 2015. 滞后性选择行为下的投影逐日动态分配模型研究. 成都：西南交通大学.
张建慧，雷星晖，李金良. 2012. 基于系统动力学城市低碳交通发展模式研究——以郑州市为例. 软科学，26（4）：77-81.
张清，陶小马，杨鹏. 2012. 特大型城市客运交通碳排放与减排对策研究. 中国人口·资源与环境，22（1）：35-42，48.
张清，陶小马，杨鹏. 2013. 居民出行方式选择与客运交通低碳化研究. 中国人口·资源与环境，23（6）：21-28.
张锐，姚恩建，杨扬. 2014. 多方式条件下城市交通分配研究. 交通运输系统工程与信息，14（6）：107-112，170.
张陶新. 2012. 中国城市化进程中的城市道路交通碳排放研究. 中国人口·资源与环境，22（8）：3-9.
张玮，魏津瑜，康在龙，等. 2013. 低碳视角下的现代城市公共交通发展战略研究. 科技管理研究，33（20）：20-24.
张杨. 2006. 不确定环境下城市交通中车辆路径选择研究. 成都：西南交通大学.
张尧，樊治平. 2013. 基于累积前景理论的考虑群体参考点的多指标风险决策方法. 运筹与管理，22（4）：6-11.
张银太，冯相昭. 2013. 城市交通与碳减排. 城市问题，（10）：40-45.
赵爱文. 2012. 中国碳排放，能源消费与经济增长关系研究. 南京：南京航空航天大学.
赵勇，王清，陈阳. 2010. 基于有限感知的决策理性模型. 系统工程理论与实践，30（2）：339-346.
钟绍鹏，邓卫. 2010. 基于路径运行时间可靠度的随机系统最优拥挤收费模型. 系统工程理论与实践，30（12）：2297-2308.
朱广芹，佟光霁，代磊磊. 2009. 城市道路交通拥挤收费的博弈分析. 系统工程理论与实践，29（7）：147-152.
Ajzen I. 1991. The theory of planned behavior. Organizational Behavior and Human Decision Processes，50（2）：179-211.
Arkes H R，Hirshleifer D，Jiang D，et al. 2006. Reference point adaptation：Tests in the domain of security trading. Organizational Behavior and Human Decision Processes，105（1）：67-81.
Avineri E，Prashker J N. 2005. Sensitivity to travel time variability：Travelers' learning perspective. Transportation Research Part C，13（2）：157-183.
Bamberg S，Ajzen I，Schmidt P. 2003. Choice of travel mode in the theory of planned behavior：The

roles of past behavior，habit，and reasoned action. Basic and Applied Social Psychology，25（3）：175-187.

Basso L J，Guevara C A，Gschwender A，et al. 2011. Congestion pricing，transit subsidies and dedicated bus lanes：Efficient and practical solutions to congestion. Transport Policy，18（5）：676-684.

Bektaş T，Ehmke J F，Psaraftis H N，et al. 2019. The role of operational research in green freight transportation. European Journal of Operational Research，274（3）：807-823.

Bektaş T，Laporte G. 2011. The pollution-routing problem. Transportation Research Part B，45（8）：1232-1250.

Ben-Elia E，Shiftan Y. 2010. Which road do I take？A learning-based model of route-choice behavior with real-time information. Transportation Research Part A，44（4）：249-264.

Bifulco G，Cantarella G，Simonelli F，et al. 2016. Advanced traveller information systems under recurrent traffic conditions：Network equilibrium and stability. Transportation Research Part B，92：73-87.

Bongardt B，Breithaupt M，Creutzig F. 2010. Beyond the fossil city：Towards low carbon transport and green growth. German Technical Cooperation.

Bowman J L，Ben-Akiva M E. 2001. Activity-based disaggregate travel demand model system with activity schedules. Transportation Research Part A，35（1）：1-28.

Bristow A L，Tight M，Pridmore A，et al. 2008. Developing pathways to low carbon land-based passenger transport in Great Britain by 2050. Energy Policy，36（9）：3427-3435.

Buhler C，Calle C，Clements S，et al. 2006. Test methodology to evaluate the safety of materials using spark incendivity. Journal of Electrostatics，64（11）：744-751.

Bynum C，Sze C，Kearns D，et al. 2018. An examination of a voluntary policy model to effect behavioral change and influence interactions and decision making in the freight sector. Transportation Research Part D，61：19-32.

Can V V. 2013. Estimation of travel mode choice for domestic tourists to Nha Trang using the multinomial probit model. Transportation Research Part A，49：149-159.

Chapman L. 2007. Transport and climate change：A review. Journal of Transport Geography，15（5）：354-367.

Chatman D G. 2008. Deconstructing development density：Quality，quantity and price effects on household non-work travel. Transportation Research Part A，42（7）：1008-1030.

Connors R D，Sumalee A. 2009. A network equilibrium model with travellers' perception of stochastic travel times. Transportation Research Part B Methodological，43（6）：614-624.

Daganzo C F. 1977. On the traffic assignment problem with flow dependent costs. Transportation Research，11（6）：433-437.

Davis L W，Kilian L. 2011. Estimating the effect of a gasoline tax on carbon emissions. Journal of

Applied Econometrics，26（7）：1187-1214.

de Moraes Romos G，Daamen W，Hoogendoorn S. 2013. Modelling travellers' heterogeneous route choice behaviour as prospect maximizers. Journal of Choice Modelling，6：17-33.

Dhami S，Al-Nowaihi A. 2006. A simple model of optimal tax systems：Taxation，measurement and uncertainty. The Manchester School，74（6）：645-669.

Dijk M，de Haes J，Montalvo C. 2013. Park-and-ride motivations and air quality norms in Europe. Journal of Transport Geography，30：149-160.

Ettema D，Tamminga G，Timmermans H，et al. 2005. A micro-simulation model system of departure time using a perception updating model under travel time uncertainty. Transportation Research Part A，39（4）：325-344.

Fan F，Lei Y. 2016. Decomposition analysis of energy-related carbon emissions from the transportation sector in Beijing. Transportation Research Part D，42：135-145.

Guo X，Liu H. 2011. Bounded rationality and irreversible network change. Transportation Research Part B，45（10）：1606-1618.

Hess S，Train K E. 2011. Recovery of inter-and intra-personal heterogeneity using mixed logit models. Transportation Research Part B，45（7）：973-990.

Hickman R，Ashiru O，Banister D. 2010. Transport and climate change：Simulating the options for carbon reduction in London. Transport Policy，17（2）：110-125.

IEA. 2017. CO_2 Emissions from fuel combustion highlights. Office of Management and Administration，Paris.

Int Panis L，Beckx C，Broekx S，et al. 2011. PM，NO_x and CO_2 emission reductions from speed management policies in Europe. Transport Policy，18（1）：32-37.

Katsikopoulos K V，Duse-Anthony Y，Fisher D，et al. 2000. The framing of drivers' route choices when travel time information is provided under varying degrees of cognitive load. Human Factors the Journal of the Human Factors and Ergonomics Society，42（3）：470-481.

Khattak A J，Schofer J L，Koppelman F S. 1993. Commuters' enroute diversion and return decisions：Analysis and implications for advanced traveler information systems. Transportation Research Part A，27（2）：101-111.

Kintsch W，van Dijk T A. 1978. Toward a model of text comprehension and production. Psychological Review，85（5）：363-394.

Liao C，Liu H，Levinson D. 2009. Simulating transportation for realistic engineering education and training. Transportation Research Record，（1）：12-21.

Lo H，Tung Y. 2003. Network with degradable links：Capacity analysis and design. Transportation Research Part B，37（4）：345-363.

Lois D，Wang Y，Boggio-Marzet A，et al. 2019. Multivariate analysis of fuel consumption related to eco-driving：Interaction of driving patterns and external factors. Transportation Research Part D，72（7）：232-242.

Lou Y，Yin Y，Lawphongpanich S. 2010a. Robust congestion pricing under boundedly rational user equilibrium. Transportation Research Part B，44（1）：15-28.

Lou Y，Yin Y，Lawphongpanich S. 2010b. Robust congestion pricing under boundedly rational travel behaviors. Transportation Research Board.

Loureiro M L，Labandeira X，Hanemann M. 2013. Transport and low-carbon fuel：A study of public preferences in Spain. Energy Economics，40（1）：126-133.

Lovreglio R，Fonzone A，Dell'Olio L，et al. 2016. A study of herding behaviour in exit choice during emergencies based on random utility theory. Safety Science，82：421-431.

Mahmassani H S，Chang G L. 1987. On boundedly rational user equilibrium in transportation systems. Transportation Science，21（2）：89-99.

Miandoabchi E，Farahani R Z. 2011. Optimizing reserve capacity of urban road networks in a discrete network design problem. Advances in Engineering Software，42（12）：1041-1050.

Mori H，Kitaoka H，Ishida M，et al. 2012. Traffic flow model of network simulators for estimation of CO_2 emissions. Journal of Advanced Transportation，46（3）：290-301.

Mtru. 2007. Low carbon transport for outer London. https://trid. trb.org/view/835834[2007-09-18].

Oppewal H，Timmermans H. 1991. Context effects and decompositional choice modeling. Papers in Regional Science，70（2）：113-131.

Ory D T，Mokhtarian P L. 2009. Modeling the structural relationships among short-distance travel amounts，perceptions，affections，and desires. Transportation Research Part A，43（1）：26-43.

Phdungsilp A. 2010. Integrated energy and carbon modeling with a decision support system：Policy scenarios for low-carbon city development in Bangkok. Energy Policy，38（9）：4808-4817.

Razo M，Gao S. 2013. A rank-dependent expected utility model for strategic route choice with stated preference data. Transportation Research Part C，27：117-130.

Robbins S. 2004. Essentials of Organization Behavior. Beijing：China Renmin University Press.

Salehi M，Jalalian M，Vali Siar M M. 2017. Green transportation scheduling with speed control：Trade-off between total transportation cost and carbon emission. Computers & Industrial Engineering，113：392-404.

Schmidt A. 2002. Brisbane city council：Transport plan for Brisbane 2002-2016.Transportation Research Board，34（5）：5-14.

Schmidt F，Tiffin J. 1969. Distortion of drivers' estimates of automobile speed as a function of speed adaptation. Journal of Applied Psychology，53（6）：536-539.

Simon H A. 1947. Administrative behavior：A study of decision making processes in administrative organizations. Administrative Science Quarterly，1947，2（2）：244.

Simon H A. 1955. A behavioral model of rational choice. The Quarterly Journal of Economics，69（1）：99-118.

Simon H A. 1978. Rationality as process and as product of thought. American Economic Review，68（2）：1-16.

Singleton P A，Wang L M. 2014. Safety and security in discretionary travel decision making：Focus on active travel mode and destination choice. Transportation Research Record，2430（2430）：47-58.

Steg L. 2005. Car use：Lust and must. Instrumental，symbolic and affective motives for car use. Transportation Research Part A，39（2/3）：147-162.

Szeto W Y，Lo H K. 2006. Transportation network improvement and tolling strategies：The issue of intergeneration equity. Transportation Research Part A Policy & Practice，40（3）：227-243.

Tang T Q，Huang H J，Shang H Y. 2015. Influences of the driver's bounded rationality on micro driving behavior，fuel consumption and emissions . Transportation Research Part D，41：423-432.

Tang T Q，Luo X F，Liu K，et al. 2016. Impacts of the driver's bounded rationality on the traffic running cost under the car-following model. Physica A，457（1）：316-321.

Thøgersen J. 2006. Understanding repetitive travel mode choices in a stable context：A panel study approach. Transportation Research Part A，40（8）：621-638.

Tiwari R，Cervero R，Schipper L. 2011. Driving CO_2 reduction by Integrating transport and urban design strategies. Cities，28（5）：394-405.

Tversky A，Kahneman D. 1992. Advances in prospect theory：Cumulative representation of uncertainty. Journal of Risk and Uncertainty，5（4）：297-323.

Van H，Choocharukul K，Fujii S. 2014. The effect of attitudes toward cars and public transportation on behavioral intention in commuting mode choice—A comparison across six Asian countries. Transportation Research Part A，69（69）：36-44.

Vickrey S. 1969. Congestion theory and transportation investment. American Economic Review，59（2）：251-261.

Wu J，Sun H，Wang D，et al. 2013. Bounded-rationality based day-to-day evolution model for travel behavior analysis of urban railway network. Transportation Research Part C，31（6）：73-82.

Xu H，Lou Y，Yin Y，et al. 2011a. A prospect-based user equilibrium model with endogenous reference points and its application in congestion pricing. Transportation Research Part B，45（2）：311-328.

Xu H，Zhou J，Xu W. 2011b. A decision-making rule for modeling travelers' route choice behavior based on cumulative prospect theory. Transportation Research Part C，19（2）：218-228.

Yogo K，Onoma M，Ozaki K I，et al. 2008. Effects of oral mitemcinal（gm-611），erythromycin，em-574 and cisapride on gastric emptying in conscious rhesus monkeys. Digestive Diseases and Sciences，53（4）：912-918.

Zhang J，Timmermans H，Borgers A，et al. 2004. Modeling traveler choice behavior using the concepts of relative utility and relative interest. Transportation Research Part B Methodological，38（3）：215-234.

Zhou Y，Fang W，Li M，et al. 2018. Exploring the impacts of a low-carbon policy instrument：A case of carbon tax on transportation in China. Resources，Conservation and Recycling，139：307-314.

Zwaan R A，Langston M C，Graesser A C. 1995. The construction of situation models in narrative comprehension：An event-indexing model. Psychological Science，6（5）：292-297.